너는 이것을 믿느냐?
요한 복음서에 나오는 믿음의 인물들

Claudio Arletti, Carlo Cantini, Giacomo Morandi, Giacomo Violi, Stefano Violi, "Credi Tu Questo?" – Figure della Fede nel IV Vangelo

Orginal Copyright © ED INSIEME 2012
Korean Edition Copyright © Living with Scripture Publishers 2018

이 책은 저작권자와 직접 저작권 계약을 맺어 펴내므로
저작권법의 보호를 받습니다. 무단 전재와 복제를 금합니다.

요한 복음서에 나오는 믿음의 인물들

너는 이것을 믿느냐?

클라우디오 아를레티 외 지음 | 박문수·한재호 옮김

성서와함께

차례

엮은이의 말 / 7

제1장	여는 글 - 요한 복음서에 담긴 믿음의 여정 /	11
제2장	세례자 요한 /	33
제3장	카나의 혼인 잔치와 예수의 어머니 /	67
제4장	니코데모 /	95
제5장	사마리아 여인 /	127
제6장	태어나면서부터 눈먼 사람 /	149
제7장	라자로의 소생 /	173
제8장	예수가 사랑한 제자 /	191
제9장	마리아 막달레나 /	233
제10장	'쌍둥이'라 불린 토마스 /	263

참고 문헌 / 293

엮은이의 말

우리 교구(이탈리아 모데나-노난톨라 Modena-Nonantola 교구)의 모든 그리스도교 공동체가 베네딕토 16세 교황의 선포로 2012년 10월 11일부터 시작되는 신앙의 해를 충만하게 살아갈 수 있도록 돕기 위해, 이번 해[1]에는 이 책을 발간한다.

---

[1] '이번 해'라는 말은 이전에도 모데나-노난톨라 교구에서 성경 해설서를 출간하였다는 사실을 알려 준다. 역자가 알아본 바로는 2011년에는 창세 1,1-12,4의 내용을 다룬 책을, 2013년에는 사도행전의 복음 선포를 다룬 책을, 2014년에는 토빗기에 대한 책을 발간하였다. 이 책에는 본디 각주가 따로 없다. 이후 나오는 각주들은 역자가 한국 독자들의 이해를 돕기 위해 붙인 것이다.

올해는 요한 복음서, 즉 제4복음서에 등장하는 특정한 인물들을 다루었다. 이들은 믿음의 여정을 우리에게 보여 주고 또 우리가 그 여정을 걷도록 자극하는 상징적인 인물들이다.

각각의 인물은 저마다 다른 상황과 환경에서 예수와 만났다. 이런 다양성에도 불구하고 그들이 예수를 만나 겪은 일에는 공통분모가 한 가지 있다. 그들의 만남이, '믿음은 무엇보다 예수 그리스도라는 한 인물과 관계를 맺고 그분과 함께 살아가는 것'임을 보여 준다는 사실이다. 우리는 인식의 차원뿐만이 아니라 존재의 차원에 이르기까지 예수와의 이 우정을 지키고 성장시킴으로써 그에 따르는 일련의 결실을 맺을 수 있게 된다.

이런 차원에서 요한 복음사가가 그리는 예수는, 영적인 나태함이나 무감각에 빠져 있는 사람들을 일깨우기 위해 늘 주도적으로 행동한다. 나태한 사람들의 영성생활은 쉽게 진부하고 고리타분한 삶으로 이어지거나, 영적으로 세련되어 보이는 몇몇 이상을 갖는 것에 만족해 버린 채 생각과 행동은 전혀 변하지 않는 삶이 될 수 있다. 이 책에서 언급하게 될 인물들은 – 각각 다른 형태와 양상을 띠고 있기는 하지만 – 모두 다 하나의 '위기'를 체험한다. 이를 삶의 여정에서 겪게 되는 고달픔이나 역경이라고 표현할 수도 있겠다. 그러나 그들이 체험한 이 위기는 모든 믿음의 여정이 결코 좌절이나 장애물 없이 순탄하게 이루어지는 것이 아님을 잘 보여 준다.

이 책에 나오는 각각의 장은 서로 다른 사람이 썼고, 다른 인물들을 다른 관점에서 다루고 있다. 따라서 각 장은 매우 다채로운 믿음의 여정을 보여 주며, 그 다양한 여정이 사실은 이 책을 기획한 이들의 삶과도 연관되어 있다고 할 수 있다.

이 책이 우리 각자에게뿐 아니라, 우리가 속해 있는 공동체들에게까지도 예수와의 우정을 새롭게 하며 이 신앙의 해를 충만히 살아가는 데에 도움이 될 수 있기를 진심으로 바란다. 더불어 우리가 하는 사목 활동과 지역사회에서의 활동이 영적으로 한층 성장하여 하느님 나라가 이 땅에 한걸음 더 다가설 수 있기를 기원한다.

자코모 모란디 신부, 교구 성서사도직 지도

Don Giacomo Morandi, Direttore Ufficio Servizio Biblico

요한 복음서에 나오는 믿음의 얼굴들

제1장

여는 글

너는 이것을 믿느냐?

믿음은 한순간에 어떤 확신의 경지로 올라간 상태가 아니라
하나의 역동적인 움직임, 곧 '오는 것'이다.
또한 믿음은 '보는 것'이다.
이는 단지 스승이 묵고 있는 장소가 어디인지를 확인하는 차원이 아니라,
그 안을 '들여다보기' 시작하는 것을 의미한다.

요한 복음서에 담긴 믿음의 여정

"예수님께서는 이 책에 기록되지 않은 다른 많은 표징도 제자들 앞에서 일으키셨다. 이것들을 기록한 목적은 예수님께서 메시아시며 하느님의 아드님이심을 여러분이 믿고, 또 그렇게 믿어서 그분의 이름으로 생명을 얻게 하려는 것이다"(20,30-31).

요한 복음서의 첫 번째 맺음말은 복음서를 쓴 목적을 명확하고 뚜렷하게 밝힌다. 그리고 이 목적에 따라 요한 복음사가는 자신이 전해 받은 여러 전승을 선별하여 복음서를 구성하였다. 그 목적이란 예수에 대한 믿음을 북돋우고 굳건하게 하여 예수가 그리스도요 하느님의 아들임을 알아보게 하는 것이다. 사람들은 이제 이 복음서가 전하는 충만하고 성숙한 믿음을 자신의 삶과 깊이 결부시키는 체험을 하게 될 것이다.

요한 복음서는 예수가 누구이며, 그가 지닌 사명이 무엇인지를 강렬하고 매혹적으로 성찰한 작품이다. 학자들은 – 저마다 강조점을 달리하기는 하지만 – 예수의 사명을 아우르는 핵심이 하느님을 아버지로 계시하는 것이라고 본다. 복음서의 포문을 장엄하게 여는 머리글(1,1-18)의 마지막 구절은 예수가 하느님을 계시하였다는 이 사실이 요한 복음사가 자신과 그의 공동체가 선포하는 모든 증언의 근본 바탕임을 알려 준다. "아무도 하느님을 본 적이 없다. 아버지와 가장 가까우신 외아드님 하느님이신 그분께서 알려 주셨다"(1,18).

하느님에 대한 결정적이며 최고인 계시는 하느님 아들의 육화다. 그러기에 예수는 제자들에게 다음과 같이 말할 수 있었다. "나를 본 사람은 곧 아버지를 뵌 것이다"(14,9). 아마도 요한 복음서는 다른 어떤 복음서보다도 예수라는 인물에 더욱 초점을 둔 것 같다. 그리고 놀랍고 뚜렷한 방식으로 예수가 하느님 아버지에 대한 유일하고 결정적인 계시자임을 드러낸다. 사람들은 오직 예수를 통해서만 하느님께 나아갈 수 있으며, 그분의 "자녀"(1,12)가 될 수 있다. 다시 말해 예수가 하느님에 대한 유일한 계시자라는 전대미문의 이 사실을 조건 없이 받아들여야만 하는 것이다. 바로 여기에서 믿음이 요구된다. 곧 "하느님의 일"(6,29)이라 불리는 믿음이 있어야만 하느님 아들의 이러한 계시가 삶을 지탱해 주는 원천이 될 수 있는 것이다. 그리고 그 순간부터 사람들은 이 믿음이 가지고 있는 변화의 능력을 체험하게 된다.

이러한 전망에서, 우리는 요한 복음서에 담긴 영적 여정을 예수라는 인물이 지닌 거대한 신비를 점진적으로 깨우쳐 가는 과정으로 이해할 수 있다. 예수는 언제나 주도적으로 행동하여 사람들을 만나기 위해 다가오고, 예기치 않은 표징들로 사람들을 자극하며, 사람들을 계시의 담화[2]로 이끈다. 이러한 구도는 동심원을 그리며 상승하는 나선처럼, 하나의 중심을 향해 밀려오는 파도처럼 계속 반복되고, 예수가 지닌 사명과 아버지 하느님과의 친밀한 관계의 핵심 속으로 사람들을 이끈다.

요한 복음은 예수를 비범하면서도 완전히 새로운 인물로 묘

2_ 담화(discorso; discourse)는 우리말로 '담론'이라고도 번역하는데, 예수와 등장인물이 함께 대화하다 나중에 예수만이 혼자 강론하는 형식의 대목들을 가리킨다. 이런 대목들은 요한 복음서에서만 볼 수 있는 독특한 것이다. 공관복음서에는 예수의 가르침이 주로 비유나 짧은 격언 모음으로 구성되어 있지만, 요한 복음서는 담화를 통해 예수의 가르침을 전하는 경우가 많다. 요한 복음서의 담화는 주로 '예수의 자기 계시'라는 주제를 담고 있기에 저자가 '계시의 담화'라는 표현을 쓴 것으로 보인다.

사한다. 따라서 그를 만난 사람은 그 앞에서 자신을 드러내어 결단을 내리게 된다. 다시 말해 예수는 여러 표징과 담화를 통해서 – 이 담화들은 종종 예수가 행한 표징들의 의미를 알려 주기도 한다 – 사람들의 믿음이 성장하기를 바란다. 모든 사람의 마음 깊숙한 곳에 잠재된 생명과 기쁨에 대한 갈망이 떠오르기를 원하는 것이다.

그렇다면 이러한 믿음의 여정은 어떤 중요한 과정들로 이루어져 있을까? 이 여정의 신학적이고 영적인 행로를 알아보기 위해 가장 필수적으로 살펴야 할 점은 예수가 자신의 직무를 수행하는 중에 가졌던 사람들과의 만남이다.

믿음의 여정: 와서, 보고, 머무르고, 마침내 영광을 보는 것

한 편의 시와도 같은 머리글(1,1-18)에 이어, 요한 복음사가는 이야기 형식의 머리글을 남긴다(1,19-51). 이 이야기는 사흘 동안 일어난 일들을 다루는데(1,19.29.35) 그 중심에는 세례자 요한의 증언이 있다. 세례자 요한은 예수에 대한 여러 증인 가운데 손꼽히는 증인이다. 사람들이 그에게 메시아가 아니냐고 질문을 던졌을 때, 그는 자신이 메시아가 아니라고 말하면서 오히려 그 질문을 기회로 삼아 예수에 대해 확실히 증언한다. 1장의 이야기 형식 머리글은 예수가 누구인지를 집중적으로 다루는 신학적 서술이다. 여기서 세례자 요한은 예수를 증언하는데 이 증언의 즉각적인 효력으로 사람들이 믿음의 여정을 걷게 되고 카나의 혼인 잔치에서 그 여정은 절정에 이른다(2,1-11). 예수에게 맨 처음 다가간 이들은 바로 세례자 요한의 제자들이었다. 이들이 예수를 따라나서는데 주저하지 않았던 것은 자기 스승의 증언이 있었기 때문이다. 예수와 이 첫 두 제자 사이에 오고 간 대화(1,38-39)에는 믿음의 성장과 제자 양성의 여정에 반드시 있어야 할 요소들이 잘 담겨 있다. 믿음은 스승이 어디에 묵고 있는지를 알고자 하는 열망에서 탄생한다는 것이다. 이러한 열망은 스승과의 관계를 돈독히 하고 또 그 관계를 바탕으로 자신들의 생활 방식을 바꾸겠다는 원의가 있어야 가능하다. 집회서의 권고에 따르면, 제자는 이른 새벽부터 스승을 찾아다니며 스승의 집 문지방이 닳도록 들락거려야 한다(집회 6,36).

'오다'와 '보다', 이 두 동사는 요한 복음서에서 '믿다'와 동의어로 쓰인다. 믿음은 한순간에 어떤 확신의 경지로 올라간 상태가 아니라 하나의 역동적인 움직임, 곧 '오는 것'이다. 다시 말해서 육화한 '지혜'와 함께 머물기 위해 그가 묵고 있는 곳으로 찾아가는 것이 믿음이다. 또한 믿음은 '보는 것'이다. 이는 단지 스승이 묵고 있는 장소가 어디인지를 확인하는 차원이 아니라, 그 안을 '들여다보기' 시작하는 것을 의미한다. 바꾸어 말하면, 자신의 삶을 성찰하고 그 안에서 예수를 통해 벌어지는 사건들을 바라보는 것이 곧 믿음이다.

    이러한 역동성을 따라가다 보면 자연스럽게 예수의 곁에 머물게 된다. '머물다'라는 동사는 믿음이 삶의 열매를 맺기 위한 필수적이며 유일한 조건이라는 사실을 드러낸다. 포도나무와 가지의 비유(15,1-10)에서 보면, 가지가 열매를 맺기 위해서는 포도나무에 붙어 있어야 한다는 말이 반복해서 나온다(15,4.6.7.9.10). 이렇게 볼 때 믿음은 예수와 관계를 맺는 것을 뜻한다. 그러나 이 관계는 어떤 도취된 상태의 감정을 말하는 것이 아니라, 예수의 온전하고 항구한 제자가 되는 것을 의미한다. 요컨대 믿음은 일종의 교리를 알아듣는 것이 아니라 무엇보다도 우애와 사랑의 관계를 살아가는 것이다. 우애와 사랑이야말로 자신의 삶에서 벌어진 내적인 체험들을 진실하고 풍요롭게 알아듣기 위한 필수 조건이기 때문이다. 의미심장하게도 공관복음서, 특히 마르코 복음서는 제자들이 부르심을 받은 목적이 다른 어떤 활동보다도 우선적으로 '예수와 함께 지내기' 위함이고 그 다음에서야 복음을 선포하는 것이라고 말한다(마르 3,14). 이 점은 단지 시간적인 순서를 명시한 것만이 아니다. 신학적이고 영적인 면에서 볼 때, '함께 지내기'가 다른 어떤 활동에 앞서 반드시 필요하다는 점을 밝힌 것이다. 정녕 루카 복음서의 가르침대로 진심을 담지 않는다면 입에서 나오는 그 어떤 말도 진실할 수 없는 법이다(루카 6,45).

'오다-보다-머물다'의 구도는 이처럼 풍요롭고 매혹적으로 믿음의 여정이 무엇인지를 알려 준다. 그리고 카나의 혼인 잔치에서 이 구도는 절정에 이른다. 복음사가는 혼인 잔치 이야기의 끝에 다음과 같이 쓰며 1장에서 그리는 믿음의 여정이 종착점에 이르렀다는 사실을 밝힌다. "이렇게 예수님께서는 처음으로 갈릴래아 카나에서 표징을 일으키시어, 당신의 영광을 드러내셨다. 그리하여 제자들은 예수님을 믿게 되었다"(2,11). 예수가 일으킨 표징들은 '외아들'(1,18)로서 지닌 영광을 드러낸다. 요한 복음서에서 '영광'(δόξα)이라는 표현은 매우 독특할 뿐 아니라 근본적으로 중요한 의미를 지닌다. 구약성경에서 '하느님의 영광'은 그분의 강력한 현존을 의미한다. 인간은 본디 그분의 영광이 지닌 무게에 견딜 수 없을 정도로 압도당하고 두려움을 느끼기 마련이다. '하느님의 특별한 무게'를 감당할 수가 없는 것이다.[3] 하느님의 영광은 하느님의 현존 자체를 의미하기에 그분의 영광을 본다는 것은 그분과의 만남을 체험하고 그 만남이 삶에 영향을 미친다는 것을 의미한다. 그럼에도 피조물인 인간의 한계 때문에, 이 만남은 인상적이고 감동적이지만 동시에 찰나적이다. 그런데 예수가 보여 주는 첫 표징은 그렇지 않다!

    요한 복음서에서 영광을 본다는 것은, 예수의 인성에서 하느님 영광의 찬란한 빛을 관조觀照하는 것을 뜻한다. 이제는 하느님이 인성을 취하였기 때문에 피조물인 우리가 하느님의 영광을 바라보는 데 아무런 장애가 없게 되었다. 그러므로 믿음은 '바라보는' 행위이며 그것은 곧 하느님의 말씀이 지닌 신성과 인성을 관조하는 것을 가리킨다. 예수의 인성은 하느님 아버지와 친밀한 관계를 맺기 위한 길이며 조건이다. 바로 그 인성에서 하느님의 영광이 드러나기 때문이다. 영광은 이렇듯 하느님으로부터 아들에게 건네지며 아들에게서 다시 하느님께로 되돌려진다. 그리고 이 영광이 드러나는 결정적인 계시, 최고의 계시는 '영광의 책'이라 불리는 13-20장에서 다루어지게 된다.

---

[3] '영광'을 가리키는 히브리어 '카보드'(כָּבוֹד)는 본디 '무게'를 뜻한다.

카나에서 카나로:
표징들을 바탕으로 한 믿음에서 말씀의 토대 위에 세워진 믿음으로

예수의 공생활 초기를 다루는 대목은 카나에서의 '첫 표징'[4]으로 시작하여(2,1-11), 두 번째 표징 또한 카나에서 일어났다는 언급으로 끝난다(4,46-54).

요한 복음사가는 이 대목을 앞으로 예수가 펼칠 일에 대한 하나의 예고편으로 그려낸다. 여기서 예수는 갈릴래아, 유다, 사마리아에서 명망 있는 최고의회 의원인 니코데모(3장), 사마리아 여인(4,1-42), 마지막으로 다른 민족 사람으로 추정되는 왕실 관리(4,46-54)처럼 다양한 사람을 만나고 표징을 행한다. 요한 복음사가는 이 만남들의 이야기 앞과 뒤에 각각 카나 이야기를 집어넣음으로써 이 대목 전체가, 예수가 공생활 전반에 걸

4_ 저자는 이 말을 신약성경 원문을 직역해서 '표징들의 원천'(principio dei segni; principle of signs)이라고 표현하였지만 우리말 《성경》에 맞추어 '첫 표징'이라고 번역하였다. 저자가 원문을 직역하여 표현한 이유는 '원천', '시작'을 뜻하는 그리스어 '아르케'(ἀρχή) 때문이다. 이 단어는 요한 복음서에 소개된 다른 모든 표징이 바로 카나의 혼인 잔치 표징에서 흘러나왔다는 것을 암시한다.

쳐 하게 될 일이 무엇인지를 알려 주는 청사진 역할을 갖게 하였다. 이는 마르코 복음에서, 카파르나움에서 예수가 하루 동안 한 일을 다루는 대목(마르 1,21-39)이 마르코 복음서 전체 맥락에서 갖는 역할과 비슷하다.

이 대목에서 펼쳐지는 만남들 안에서도 믿음의 여정은 진전되는데, 왕실 관리의 아들이 치유되는 사건에 이르러서 그 여정의 끝에 이르게 된다. 이 대목의 시작 부분에는 오직 표징들에만 의존하여 예수를 믿게 되는 이들이 등장하고 예수가 그들을 신뢰하지 않는다는 언급이 나오는 반면(2,23-24), 끝부분인 왕실 관리의 이야기(4,50)에 이르러서는 예수가 하는 말씀만 듣고도 그분을 믿는 것이다. 이 대목에서 복음사가가 의도하는 바는 사람들이 변화의 힘을 지닌 예수의 말씀을 조건 없이 믿게 하는 것이다. 표징들이 사람들에게 믿음을 불러일으키고 예수의 영광을 드러내는 계시 사건인 것은 분명하다. 그러나 그것들이 믿음의 여정에서 절정에 이르게 하지는 않는다. 단지 시작을 열어 줄 뿐이다. 이런 면에서, 예수의 말씀만을 토대로 하여 믿음의 여정을 걷기 시작한 왕실 관리는 진정한 신앙인의 모범을 보여 준다. 진정한 신앙인이란 자신의 여정에서 다른 무엇을 요구하지 않고 오직 예수의 말씀만을 필요로 하는 사람이다. 그런 사람은 말씀이 지닌 힘을 확신한다. 이러한 면에서 볼 때 사마리아 여인 이야기에서 여인의 증언에 대해 사마리아 사람들이 보인 반응은 시사하는 바가 크다. 이 여인은 예수와 대화를 나누면서 예수가 하는 말과 행동에 당혹감과 놀라움을 금치 못하고 자기 고을 사람들에게 돌아와 그에 관해 증언을 한다. 그 후 사람들은 이틀 동안 예수와 머물고 난 뒤에 다음과 같이 말한다. "우리가 믿는 것은 이제 당신이 한 말 때문이 아니오. 우리가 직접 듣고 이분께서 참으로 세상의 구원자이심을 알게 되었소"(4,42). 여기서 고을 사람들이 믿음의 여정을 걷게 된 것은 사마리아 여인의 증언 때문이었다. 달리 말해서 사람들은 여인의 증언을 통해 예수의 말씀이 지닌 강력한 힘을 느꼈고 요한 복음서가 말하는 유일한 믿음, 곧 '예수는 세상의 구원자이다'라는 사실을 선포하기에 이른 것이다.

또한 이 대목은 믿음, 말씀, 생명이 서로 연관되어 있음을 보여 준다. 니코데모가 밤에 예수를 찾아왔을 때 예수는 그에게 "하느님께서는 세상을 너무나 사랑하신 나머지 외아들을 내주시어, 그를 믿는 사람은 누구나 멸망하지 않고 영원한 생명을 얻게 하셨다"(3,16)라고 말한다. 또 사마리아 여인에게는 "영원한 생명"(4,14)을 누리게 하는 물이 솟아나게 될 것이라고 약속한다. 근심에 사로잡힌 왕실 관리에게는 "네 아들은 살아날 것이다"(4,50.53)라는 말을 건넨다. 믿음이란 생명을 약속하는, 단순히 육체적 생명만이 아니라 충만하고도 힘을 지닌 참생명을 약속하는 말이다. 예수의 말씀을 신뢰하고 조건 없이 자신을 비우는 행위이다. 그러므로 믿음을 지닌 사람은 예수의 현존에서 그 생명의 힘을 발견한다.

이스라엘의 축제에서 싹터 자라나
예수 안에서 완성되는 믿음:
보호자이신 성령의 역할

예수의 공생활 중반부를 다루는 대목(5-12장)은 유다인들의 축제와 밀접하게 연결되어 있다. 이는 복음사가가 의도한 것임에 틀림없다. 5장부터 '표징의 책' 마지막 장인 12장에 이르기까지, 예수는 이스라엘 백성에게 종교적으로 중요한 의미를 지닌 축제들의 맥락에서 표징을 일으키고 담화를 전개한다. 중풍 병자의 치유는 안식일에 벌어지고(5장), 오천 명을 배부르게 하는 기적은 파스카와 가까운 때였다(6장). 또 태어나면서 눈먼 사람을 고치는 기적은 초막절 축제 기간 동안 성전에서 활동하는 중에 일어난 것이며(7,1-10,21), 마지막으로 성전 봉헌 축제가 소개된다(10,22-40).

이 방대한 대목에서 예수의 계시 담화들과 인상적인 표징들이 번갈아 펼쳐지지만 그와 동시에 예수를 향한 유다인들의 증오와 적대감도 계속해서 커져 간다. 그러나 그 가운데서도 예수가 수행하는 일들은 이스라엘 민족에게 중요한 전통 예배와 밀접하게 연관되어 있을 뿐 아니라, 그 예배가 지닌 잠재력을 완성한다. 여기서 예수가 담화를 통해 드러내는 메시지는 청중과 다양한 인물에게 결단을 요구하는데, 사람들은 반복적으로 스승인 예수의 메시지를 받아들이지 못하고 오히려 극단적인 몰이해만 보인다. 이것이 바로 학자들이 흔히 일컫는 '요한 복음서의 아이러니'[5]로서 니코데모, 사마리아 여인, 제자들과의 만

5_ 요한 복음서만의 독특한 문학적 특징이 여럿 있는데, 그 가운데 대표적인 것이 '아이러니'이다. '아이러니'는 우리말로 '반어법', '역설', 또는 '풍자'로 번역된다. 요한 복음서에서는 예수에게 석의를 품은 반대자들이 예수의 행적과 가르침을 이해하지 못한 채 예수의 신원과 삶을 두고 빈정거리거나 악의적 언사를 사용한다. 그런데 이러한 언사들을 곰곰이 새겨 보면 발설자의 의도와는 다르게 그 악의적 언사가 복음적 진리를 품고 있는데 이를 두고 아이러니라고 부르는 것이다. 그 대표적인 예로 대사제 카야파가 예수를 죽이기로 결의할 때 한 다음의 말을 들 수 있다. "여러분은 아무것도 모르는군요. 온 민족이 멸망하는 것보다 한 사람이 백성을 위하여 죽는 것이 여러분에게 더 낫다는 사실을 여러분은 헤아리지 못하고 있소"(11,49ㄴ-50). 이것은 본디 예수가 정치적 선동가이자 유다교를 위협하는 인물로서 이스라엘 민족을

남에서도 이를 엿볼 수 있다. 곧 요한 복음서에 등장하는 인물들은 예수의 말씀과 표징들이 지닌 뜻을 오해하는데, 그렇게 오해를 할수록 예수의 정체성과 사명이 지닌 의미는 오히려 점점 더 명확히 드러나는 것이다. 요한 복음서의 아이러니는 단지 이야기의 줄거리를 계획적으로 끌고 가기 위한 문학적 장치만이 아니라, 신학적인 의도를 전달하는 역할을 한다. 위로부터 태어나지 않으면(3,3), 다시 말해 성령의 활동이 없다면 육이 지닌 한계를 극복할 수 없다는 사실을 전하는 것이다. 육은 그저 인간적인 기대와 갈망을 향하게 할 뿐이다. 그러한 까닭에 육의 인간은 자신의 육적인 요청과 필요성에 따라 예수가 활동하기를 강요한다. 위로부터 태어나지 않는다면 육으로부터 나오는 어떠한 선의도 그 자체만으로는 결코 충분하지 않다. 또 그런 선의는 예수의 급진적이고 낯선 메시지 앞에서 무너져 버린다. 예수의 메시지를 이해하고 받아들이기 위해서는 새로운 방식의 인식이 필요한데, 이는 지상에 얽매여 있는 인간의 힘이 아니

멸망시킬 수도 있으니 차라리 그를 없애야 한다는 의도로 한 말이다. 그러나 독자의 입장에서 이 말은, 예수의 죽음이 단지 정치적 모략에 따른 것이 아니라 온 백성을 살리기 위한 것임을 잘 표현한 것으로 이해될 수 있다. 달리 말하면 '아이러니'하게도, 대사제의 말에 복음적 진리가 담겨 있는 것이다.

라, 오직 위에서부터 오는 선물 곧 진리의 성령을 받아야만 가능하다. 성령을 통해서 제자들은 예수가 한 일들을 비로소 이해하게 된다. 따라서 믿음의 여정에서 보호자인 성령의 역할은 필수적이다.

성령이 제자들 위에 항구하게 활동하지 않는다면, 그들은 인간적인 한계를 극복할 수 없다. 보호자는 제자들과 함께 머무르면서(14,17) 그들에게 모든 것을 가르칠 것이고, 예수가 말한 모든 것을 기억하게 해 줄 것이다(14,26). 그리고 마침내 제자들에게 증언할 수 있는 힘을 줄 것이다(15,26-27). 이 '새로운 보호자' 없이는 그 어떤 믿음의 행위도 가능하지 않다. 예수의 말씀을 이해하는 것도 가능하지 않고, 그 어떤 가르침도 내면화할 수 없으며 따라서 아무런 증언도 할 수 없는 것이다. 인간은 영감을 불어넣어 주는 성령의 활동에 깨어 있는 자세로 순종하도록 부르심을 받는다. 성령이야말로 제자들과 온 공동체가 걷는 신앙의 여정에서 진정한 주인공이다. 이러한 요한 복음서의 전망은 신약성경 전체가 한결같이 고백하는 내용과 상응한다. 특히 사도 바오로가 매우 분명하고 명료하게 고백한 다음 구절이 요한 복음의 전망을 잘 드러낸다. "성령에 힘입지 않고서는 아무도 '예수님은 주님이시다.' 할 수 없습니다"(1코린 12,3).

'들음'에서 '봄', '관조함'으로 건너가는 믿음: 공동체의 최종 역할

요한 복음서에 나오는 부활 발현 사화들(20장)을 보면 복음사가가 부활 자체보다 부활한 예수의 발현에 중점을 두고 있음을 알 수 있다. 발현 사화는 모두 네 개인데(20,1-10.11-18.19-25.26-29), 여기서 '보다'라는 동사가 결정적인 역할을 한다. 먼저 무덤이 비어 있다는 사실을 단순히 확인하는 '관찰'로서의 '보다'가 있고(βλέπω: 20,1.5), 더욱 주의를 기울이고 관심을 갖는다는 의미로 쓰인 '보다'가 있다(θεωρέω: 20,6.12.14). 마지막으로 믿음의 여정으로 들어간다는 의미로 쓰인 '보다'가 있는데(ὁράω: 20,8.20.25.27.29), 이 동사에서 바라봄이 그 절정에 이른다.

앞서 우리는 말씀만을 듣고 믿는 것이 성숙한 믿음을 위한 조건과도 같다는 사실을 살펴보았다. 그런데 이제 여기에서는 '보다'라는 동사가 성숙한 믿음을 향한 여정에서 중심축을 이룬다는 것을 보게 된다.

부활 발현 사화에서는, 지상의 예수와 부활한 그리스도가 서로 명백하게 연결되어 있으면서도 동시에 단절되어 있다는 사실이 드러난다. 이러한 단절은 부활이 새로운 존재 방식으로의 변화임을 알려 준다. 그리고 이 변화된 존재 방식은, 오로지 예수가 파스카 때에 제자 공동체에 보낸 성령의 빛을 받아 고양된 믿음을 가졌을 때에만 깨달을 수 있다. 여기서 주의를 기울여 보아야 할 점이 바로 말씀을 '들음'과 '바라봄'이 서로 뿌리 깊게 엮여 있고 이것이 사람들을 불신앙에서 믿음으로 이끈다는 사실이다. 발현 사화에서 보면 사람들은 바라보기는 하지만 이해하지 못한다.[6] 그러나 이렇게 일반적인 의미의 바라봄은 그것으로 끝나는 것이 아니라 더 깊은 깨달음으로 나아가 마침내 부활한 주님을 경배하며 관조하는 단계에까지 이르게 된다. 이러한 믿음의 여정에서 제자를 충만하고 성숙한 믿음의 단계로 이끌어 주는 것은 바로 예수와의 대화이다. 이와 유사한 일이 엠마오로 가는 두 제자에게도 벌어진다(루카 24,13-35). 말씀 자체인 그리스도를 들음으로써 그들의 눈은 서서히 열리고 마침내 부활한 주님을 알아볼 수 있게 된다. 요한 복음사가는 자신이

---

[6] 이에 대한 예를 들면 다음과 같다. 마리아 막달레나는 빈 무덤을 보았으나 (βλέπω: 20,1) 그것만으로는 예수가 부활하였다는 사실을 깨닫지 못한다 (20,2). 또한 그녀는 부활한 예수를 직접 보았지만(θεωρέω: 20,14) 그를 알아보지 못하고 정원지기로 생각한다. 이렇게 막달레나가 예수를 알아보지 못하는 것은 예수가 부활을 통해 새로운 방식으로 존재하게 되었기 때문이다.

쓴 첫째 편지에서 '들음'과 '바라봄'이라는 이 두 가지 차원을 관찰과 관조, 두 단어를 사용하며 풀어간다. "처음부터 있어 온 것 우리가 들은 것 우리 눈으로 본 것 우리가 살펴보고 우리 손으로 만져 본 것, 이 생명의 말씀에 관하여 말하고자 합니다. 그 생명이 나타나셨습니다. 우리가 그 생명을 보고 증언합니다"(1요한 1,1-2).

하느님의 아들이 육화함으로써 사람들은 그를 눈으로 볼 수 있게 되었고 나아가 그를 통해, 그 안에서 하느님을 바라볼 수 있게 되었다. 요한 복음사가는 이미 머리글에서 이러한 믿음의 여정을 언급하였다. "말씀이 사람이 되시어 우리 가운데 사셨다. 우리는 그분의 영광을 보았다. 은총과 진리가 충만하신 아버지의 외아드님으로서 지니신 영광을 보았다"(1,14).

복음사가는 부활한 그리스도에 대한 목격자들의 역사적인 증언이 새로운 시대의 바탕이 된다는 것과 그 시대가 부활에 대한 마지막 증인의 죽음과 함께 시작된다는 사실을 알았다. 의심 많은 토마스의 이야기는 이를 상징적으로 드러낸다. 토마스는 동료 제자들이 겪은 엄청난 변화, 다시 말해 걱정에 사로잡혀 있었던 그들이 기쁨으로 충만해 있다는 사실을 깨닫지 못한다. 동료들이 그에게 부활한 주님을 보았다고 이미 증언하였는데도 말이다. 토마스의 이러한 경험은 이제 제자들이 세운 새로운 공동체에 하나의 지표가 된다. 이 공동체는 제자들의 증언만으로도 기쁨으로 가득 차게 될 것이고, 그리하여 그 공동체의 기쁨에 찬 얼굴이 세상 앞에서 믿음의 확실한 표징이 될 것이다. 토마스의 이야기에서 토마스뿐 아니라 우리 각자가 되새겨야 할 핵심이 바로 이 말씀에 담겨 있다. "너는 나를 보고서야 믿느냐? 보지 않고도 믿는 사람은 행복하다"(20,29).

이제 주님을 바라본 이들의 엄청난 변화는 세상을 향한 믿음의 강력한 매개체가 될 것이다. 이 변화를 통해 부활한 주님의 현존에 대한 더 큰 신뢰가 공동체와 역사에서 샘솟기 때문이다. 사도행전에서 루카 복음사가는 초기 그리스도교 공동체에 대한 이야기들을 통해 이 점을 확실하게 보여 준다(사도 2,42-47; 4,32-35; 5,12-16). 기쁨과 환희는 공동체 전체로 퍼져 나가며 실제적이고 일상적인 형제애를 갖도록 한다. 나아가 그 기쁨과 환희는 부활한 그리스도의 현존을 증거하며, 믿음이 그 현존을 깨닫도록 이끌어 준다는 사실을 강력하고 풍요롭게 알려 준다.

자코모 모란디 신부

Don Giacomo Morandi

요한 복음서에 나오는 믿음의 인물들

제2장

세례자 요한

너는 이것을 믿느냐?

세례자 요한을 통해 우리는,
믿음과 겸손이 떼려야 뗄 수 없는 관계에 있다는 것을 배운다.
실제로, 요한이 그리스도에 대한 자신의 믿음을 고백해 가는 과정이
바로 겸손의 길이었다.

둘러보기

요한 복음서는 세례자 요한의 모습을 매우 독특한 방식으로 전한다. 마태오, 마르코, 루카 복음서와 달리 요한 복음서는 세례자 요한과 관련된 수많은 일화와 그 세부 사항에 대한 특별한 정보를 제공하지 않는다. 사실 요한 복음사가는 세례자 요한과 그의 일화들에 대해 잘 알고 있었다. 그런데도 요한 복음사가가 세례자 요한에 관한 정보에 대해 의도적으로 침묵하는 이유는, 독자들이 로고스, 곧 말씀의 증인이라는 세례자 요한의 정체성에 집중하도록 하기 위해서이다. 다시 말해, 여타의 정보들로 인해 독자들이 핵심에서 벗어나지 않도록 배려하는 것이다. 예를 들어, 요한 복음서는 세례자 요한이 체포되어 감옥에 갇혀 있다는 사실을 간접적으로 언급하기는 하지만(3,24), 그에 이어지는 또 다른 소식은 더 이상 전해 주지 않는다. 비슷한 방식으로, 세례를 받기 위해 예수가 세례자 요한을 만난 일도 요한 복음서는 상당히 다른 모습으로 전한다. 세례자 요한의 목소리를 통해서만 하느님 아들의 세례가 실제로 이루어졌음을 알 수 있기 때문이다.

결국, 요한 복음서가 우리에게 전하는 세례자 요한의 모습은 본질적으로, 또 전체적으로 예수라는 인물을 드러내고 계시하는 데에 그 초점이 맞춰져 있다고 할 수 있다. 예수라는 인물에 관한 그의 증언이, 피해 갈 수 없는, 아니 피해 가서는 안 되는 통로처럼 머리글과 그에 이어지는 복음서의 서두인 1장 전체에 걸쳐 자리 잡고 있다. 따라서 요한 복음서에 등장하는 인물들 가운데 어느 누구도 자신의 믿음이 어떤 방식으로든 세례자 요한의 믿음과 연결되어 있음을 부정할 수 있는 사람은 하나도 없다(R. Vignolo).

요한 복음에서는 즈카르야의 아들 세례자 요한의 회개하라는 호소, 곧 사람들이 서로 관계를 맺고 살아갈 때 요구되는 정의, 윤리, 도덕이 조화를 이루도록 하라는 재촉과 외침을 들을 수 없다. 뿐만 아니라, 세례자 요한의 순교 이야기조차 이 복음에서는 찾아볼 수가 없다. 이 마지막 복음서에 따르면, 세례자 요한의 위대함은 그가 지녔던 예수와의 유사성에서만 찾을 수 있을 뿐이다(A. Marchadour). 이 유사성은 세례자 요한과 예수 사이의 끊임없는 모방과 연결의 이중고리가 된다. 몇 가지 사실을 통해 이 사실을 충분히 증명할 수 있을 것이다. 우선, 세례자 요한의 증언은 로고스이신 말씀이 사람이 되신 사건과 연결되어 있다. 복음서의 머리글에서 예수의 육화(1,14)를 묘사하기 위해 사용된 그리스어 동사 '에게네토'(ἐγένετο)가 세례자 요한의 등장(1,6)에도 똑같이 사용되고 있다.

게다가 세례자 요한의 증언은 모두 말로 표현된 것, 곧 '외침'(1,15)을 통한 선포와 예언이었다. 이는 정확하게 예수의 '외침'(7,37; 12,44)과 일치한다.[7] 더 나아가 예수가 그러했듯 – 물론 예수는 '나를 보내신 분'(예를 들어 4,34)이라는 독특한 표현으로 아버지 하느님을 언급하고 있기는 하지만 – 세례자 요한 역시 하느님으로부터 파견된 사람으로 표현되어 있다(1,6; 3,28).[8] 또한 세례자 요한은 예수와 비슷하게 요한 복음서에 등장하는 인물들 가

---

[7] 이곳에서도 '외치다'라는 뜻의 그리스어 동사 '크라조'(κράζω)가 동일하게 사용되고 있다.

[8] 마찬가지로 여기에서도 '파견하다'라는 뜻의 그리스어 동사 '아포스텔로'(ἀποστέλλω)가 똑같이 사용되었다.

운데 유일하게 하느님으로부터 직접 말씀을 받은 사람이었다(1,33). 물론 여기에서도 요한은 예수와 비교하여 한 단계 낮은 인물로 묘사되고 있기는 하다. 예수가 하느님 아버지와 끊임없는 대화를 나누고 있는데 반해(11,41-42; 12,28-30), 세례자 요한은 오직 단 한 번 직접 계시를 받는 것으로 되어 있기 때문이다.

마지막으로, 세례자 요한은 예수가 그랬듯(18,37) 진리에 대하여 증언한다(5,33). 이 경우에도 마찬가지로, 세례자 요한은 메시아인 예수에 대한 진리를 증언하는 반면, 하느님의 아들은 자기 자신에 대해, 특별히 자신의 신적 기원에 대해 증언한다. 이렇게 말씀의 증인으로서 세례자 요한이 예수에 대해 증언한 모든 것이 예수가 자기 자신에 대해 하는 증언에 앞서 이루어지고 있고, 더 나아가 요한의 증언을 통해 독자들은 하느님께서 보내신 분에 관한 충만한 이해에 이른다. 이처럼 세례자 요한은 예수를 증언하는 이상적이고 완벽한 증인의 '현실화'라 할 수 있고, 따라서 그의 믿음에서는 어떤 불신도, 조금의 균열도 발견할 수 없다(P. Dschulnigg).

복음서들 가운데 유일하게 요한 복음서만이 '세례자'라는 호칭을 사용하지 않는다는 것은 매우 흥미로운 사실이다. 요한이 세례를 통해 증인으로서의 자신의 임무를 수행했다는 것은 분명한 사실이다. 그런데도 요한 복음서의 저자는, 이미 요한이라는 이름의 완전한 동의어로 여겨지고 있는 이 유명하고도 가장 널리 알려진 호칭(세례자)을 사용해야 할 필요성을 전혀 느끼지 못한 것이다. 요한 복음서에 따르면, 요한은 그저 물로 사람들을 정화시켜 주는 자신의 직무로만 축소되어 불릴 수 있는 사람이 아닌 것처럼 보인다. 그것은 무엇보다도 요한이 바로 "서슴지 않고 고백한"(1,20) 사람이었기 때문이다. 요한은 어둠이 빛을 거스르고 있는 일련의 과정(1,5) 앞에서조차 충만한 진리와 은총을 간직한(1,17) 메시아로서 나자렛 사람 예수의 신성을 장엄하게 선포한 사람이었다.

요한 복음서에서 우리는, 이러한 세례자 요한과 관련된 이야기를 모두 여섯 대목에서 만나게 된다. 그리고 말하는 이가 누구냐에 따라 이 여섯 대목은 또다시 네 부분으로 나뉜다. 다시 말해, 세례자 요한에 대해 이야기의 화자가 말하는 부분과 그에 관해 예수가 말하는 부분, 그리고 요한 스스로 자신에 대해 언급하는 부분, 마지막으로 군중이 그에 관해 증언하는 부분으로 나눌 수 있다. 여기에서 언급된 모든 사람, 곧 이야기의 화자로부터 군중에 이르기까지 이 모든 사람은 하나의 일치된 증언을 전해 준다. 그것은 위에서 우리가 이미 살펴보았던 사실로서, 선구자였던 세례자 요한에게서 단 한 점의 의심이나 흠도 발견할 수 없다는 것이다.

방금 언급한 여섯 대목과 각 대목에서 이야기를 이끌어 가는 목소리의 주인공을 여기에 나열해 보겠다.

1,6-8.15	이야기의 설화자
1,19-28	세례자 요한
1,29-37	세례자 요한
3,25-30	세례자 요한
5,33-36	예수
10,40-42	군중

여섯 대목 각각에 대해서는 '구절 풀이' 부분에서 간단히 해설할 것이다.

보이는 것처럼 세례자 요한은 '표징의 책'(1-12장)이라 일컬어지는 곳에서만 등장할 뿐, 뒤에 이어지는 책의 무대에서는 또 다른 중요한 증인에게 자리를 내주며 완전히 사라진다. 또 다른 증인은, 육화 사건에 대한 증인이 아닌 파스카, 곧 예수 부활의 시간과 그 사건에 대한 증인으로서, 바로 '예수가 사랑한 제자'이다. 앞으로 보게 되겠지만, 예수가 사랑한 제자는 요한 복음서의 이야기 전개에서 세례자 요한과 같으면서도 또 다른 모습을 지닌 쌍둥이 같은 존재로 나타난다. 세례자 요한이 복음서의 서두에서 두 차례에 걸쳐 예수를 하느님의 어린양으로 소개했듯이(1,29.36), 이제는 '예수가 사랑한 제자'가 요한의 뒤를 이어 하느님의 어린양에 대한 중요하고도 최종적인 증언을 하기 위해 부르심 받은 사람으로 드러나게 될 것이다.

구절풀이

1,6-8.15

1,6-8이 증언의 주체인 요한의 모습에 집중하는 반면, 1,15은 증언의 대상인 예수에게로 독자들의 시선을 이끈다. 따라서 여기에 이미 모든 것이 담겨 있다고 말할 수 있다. 복음서의 첫 순간부터 우리는 누가 빛이 아닌지, 또 누가 "모든 사람을 비추는 참빛"(1,9)인지를 알게 되는 것이다. 만일 요한이 자신이 지녔던 영적 능력으로 자신을 알고 따르던 이들에게 영향력을 행사할 수 있었다면, 바로 그가 빛이 누구인지에 대한 물음에 답할 수 있는 적임자였을 것이다. 그리고 이와 관련하여 그는 다음과 같이 말한다. "내 뒤에 오시는 분은 … 나보다 앞서신 분이시다"(1,15).

요한 복음사가가 이처럼 세례자 요한에 대한 언급을 자신의 복음서 서두(1,1-18)에 두 번씩이나 끼워 넣었다는 것은 매우 놀라운 일이다. 게다가 본래 요한 복음서의 원문에 세례자 요한에 관한 어떤 언급이나 암시가 포함되어 있지 않았다는 것이 대다수 학자들의 견해임을 생각할 때, 이 사실은 우리를 더욱 놀라게 한다. 다시 말해, 요한 복음사가는 복음서의 전체 구성에서 어느 누구와도 비교될 수 없는 유일한 위치를 세례자 요한에게 부여하고 있는 것이다. 그는 참된 빛 안에서 "자기를 통해 모든 사람이 믿게 하려고"(1,7) 파견된 사람이다. 복음서의 맺음말인 20,31에서 우리가 듣게 되는 것처럼, 요한 복음이 쓰인 것 역시 이와 똑같은 목적에서다: "이것들을 기록한 목적은 예수님께서 메시아시며 하느님의 아드님이심을 여러분이 믿고, 또 그렇게 믿어서 그분의 이름으로 생명을 얻게 하려는 것이다"(20,31). 따라서 계시 사건을 전체적으로 조망하고 있는 복음서의 의미심장한 머리글에 세례자 요한의 말과 그에 관한 언급이 이렇게 삽입되어 있다는 사실은, 바로 증언자로서 그가 지니고 있는 권위를 명백히 입증해 주는 것이라고 할 수 있다 (요한 복음서에서 '증언하다'μαρτυρέω 동사가 모두 33번 사용되고, 그중 8번이 세례자 요한에게 사용된다).

다른 한편, 세례자 요한은 증인이라기보다는 오히려 순교자에 가깝다고 말할 수 있다. 자기 삶의 마지막 순간을 순교의 피로 장식하였기 때문이다. 그러나 요한 복음사가는 요한의 순교에 대해서는 전혀 언급하지 않는다. 오히려 요한 복음서는 세례자 요한의 위대했던 삶의 모든 단편이, 사람들이 예수가 누구인지를 알고 믿도록 하는 데로 방향 지어져 있다는 사실을 강조한다. 따라서 요한 복음에서 세례자 요한은 '순교자'보다 '증인'으로서의 정체성이 더 강조되고 있다고 할 수 있다.

1,19-28

1,15에서 이미 짧은 문장으로 선포되고 요약된 세례자 요한의 증언이 이제 훨씬 풍부하고 자세한 방식으로 이 부분에서 소개된다. 1,8에서 복음사가는 "그 사람은 빛이 아니었다"라고 이미 단언했다. 세례자 요한에 대한 이 진술은 유다인들이 보낸 사제와 레위인의 대리인 앞에서 세 가지 형태의 부정적 진술로 표현된다. 요한의 행동은 사람들의 관심과 질문을 유발하였고, 그 질문 앞에서 요한은 조금의 망설임도 없이 자신은 그들이 기다려온 자가 아니라고 분명히 말한다. 그는 '그리스도'가 아니며, 유다교 율법 전통이 간직하고 있던 주장대로 마지막 때를 열기 위해 온 '엘리야'도 아니었다. 게다가 요한은 신명 18,15-18의 예언에 따라 이스라엘

백성이 기다려 온 모세와 같은 '예언자'도 아니었다.

그럼에도 요한은 자신의 역할과 직무를 수행하기 위해 이러한 부정과 침묵의 문턱을 뛰어넘어야만 했다. 사실이 아닌 것을 부정하고, 잘못된 기다림과 기대를 산산이 무너뜨리는 것만으로는 충분하지 않았다. 빛이 아닌 자는 임박한 미래에 세상에 오실 '참빛'이 누구인지를 가리켜 주어야만 했다. 그리고 그는 이 사명을 이사야 예언자의 저 유명한 말씀(이사 40,3)을 인용하며 훌륭하게 이루어 낸다(1,23: "나는 이사야 예언자가 말한 대로 '너희는 주님의 길을 곧게 내어라.' 하고 광야에서 외치는 이의 소리다"). 이사야 예언자의 이 말은 공관복음서에서도 언급되어 있지만, 오직 요한 복음서만이 이를 세례자 요한이 직접 선포한 말로 표현하고 있다. 요한은 여기에서 자신을 주의 깊고, 열정적인 성경 해설자로 드러낸다. 더 나아가 오래전에 선포된 이사 40,3 말씀을 자신의 현실에 적용시키며 인용해 내는 능력까지도 보여 준다. 따라서 요한 복음서에서 우리는 마태오, 마르코, 루카의 관점을 뛰어넘는 새로운 세례자 요한의 모습을 만나게 된다. 요한은 여기에서 예수에 앞서 존재하고 또 예수를 미리 소개하는 단순한 선구자만이 아니다. 요한은 예수의 영원한 증인이며, 그리고 사람들 사이에 존재하는 하나의 빛을, 절대로 꺼지지 않는 그 영원한 참빛을 알아차리는 인물이다. 요한은 그 빛을 알아볼 수 있는 유일무이한 기회와 순간의 수호자다. 그리고 그 기회와 순간은 바로 우리의 것이기도 하다(T. Calloud). 요한은 우리 가운데 머물기 위해(1,14) 오시는 예수의 도래를 준비하는 하나의 목소리다. 그 목소리가 끊임없이 울려 퍼지며 예수의 시대를 뛰어넘어 모든 세대의 사람들을 초대하고 있다.

그의 행동은 확신과 부정의 모습을 동시에 품고 있는 전형적인 상징적 행동이자, 예언자적 행동이었다. 요한이 사람들에게 세례를 베푼 것은 그리스도가 세례를 베풀 것이기 때문이었다(3,22). 그러나 요한의 세례는 성령을 통해 받게 될 새로운 세례(1,33)의 상징일 뿐이었다. 따라서 그가 사용한 물은 예수의 세례에서 가득히 넘쳐흐르게 될 성령을 가리키게 될 것이다(4,14; 7,37-39). 요한은 예루살렘에서 파견된 학식이 뛰어난 사제들과 레위인들의 대리인들처럼 성경에 정통하고 노련한 청중 앞에, 그들이 알아보지 못하는 한 분을 세워 놓는다(1,27).

그러나 그들이 그분을 알아보고 그분의 도래를 준비하려면 무엇보다 자신들의 지적知的 확실성을 단념해야 할 뿐만 아니라, 자신들이 가진 모든 것을 포기할 필요가 있다.

바로 이것이 요한이 자신에게 다가와 질문을 던지는 모든 세대의 인류에게 제시하는 첫 번째 메시지다. 따라서 만일 우리가 그리스도를 이미 잘 알고 있다고 생각한다면 - 비록 우리가 문화적으로 또 지적으로 상당히 진전되어 있다고 하더라도 – 그러한 판단과 생각이 그리스도에 대한 우리의 인식을, 그분의 도래를 준비하는 우리의 모든 발걸음을 잘못된 사고와 위험에 빠뜨릴 수도 있다는 사실 또한 기억해야 할 것이다.

1,29-37

요한 복음사가가 사용하고 있는 시간적 지표들(1,29.35: "이튿날")을 염두에 두고 볼 때, 우리는 이 세상에 온 '참빛'인 예수 그리스도가 평범하면서도 점진적인 방식으로 하루하루 자신의 여정을 걷기 시작하였음을 알 수 있다. 세례자 요한도 이 두 날에 걸쳐 자신의 증언을 계속해 간다. 하지만 29-34절의 내용에서 볼 수 있는 것처럼 이 증언들은 표면적으로는 어떤 특정 대상을 향해 이루어진 것이 아니었다. 다시 말해 35절에서부터 시작되는 이야기가 특별한 대상을 두고 이루어지고 있는 반면, 그 전에 이루어진 요한의 증언에는 특정한 청중이 존재하지 않는다는 것이다. 오직 시간과 공간 안에, 곧 전혀 예기치 못했던 시간과 오랫동안 기다려 왔던 그 만남이 이루어지고 있는 공간 속에서 요한의 증언이 울려 퍼지고 있을 뿐이다. 실제로 예수는 세례자 요한을 향해 온다

(1,29). 이어지는 이야기를 통해 바로 알게 되겠지만, 예수는 이미 요한으로부터 세례를 받았다. 그러나 그는 요한을 만나기 위해 다시 오고 있으며, 그 만남에서 자신의 행동이 지니고 있는 본질적인 의미를 설명한다. 요한 복음서의 머리글에서 이미 예고되었던 것처럼, 비록 세상이 자신을 알아보지 못하고 그의 백성이 그를 맞아들이지 않는 비극적인 상황에서도, 예수는 세상과 그곳에 살고 있는 자신의 백성에게로 오고 있는 것이다.

요한은 예수를 만나면서 자신이 받은 사명, 곧 한처음부터 계셨던 '말씀'을 이스라엘 백성에게 드러내 보여 주는 자신의 사명이 무엇을 의미하는지 분명하고도 새롭게 깨닫게 된다. 선구자였던 세례자 요한은 온유하면서도 세상의 죄와 악의 짐을 자신의 어깨에 대신 짊어지고 있는 '하느님의 어린양'의 모습을 예수에게서 발견해 낸다. 그리고 이 새로운 어린양과 함께 요한은 새로운 파스카의 윤곽을 그려 나간다. 따라서 요한의 말에는 놀라움과 감탄이 스며들어 있다. 이미 26절에서 유다인들이 보낸 사람들 앞에 울려 퍼졌던 요한의 이 말이, 31절에서 세례자로서의 요한의 직무를 설명하며 다시 한번 선포되고 있다. 그러나 이 선포는 단지 세례자 요한의 말을 듣고 있던 유다인들만을 그 대상으로 삼고 있다고 말할 수 없다. 26절과 31절이 똑같은 단어들을 반복하고 있다는 사실을 깨닫게 될 미래의 독자들을 향해서도 선포되고 있다고 말할 수 있다.

    요한은 자신도 그리스도를 알아보지 못하던 사람들 가운데 하나였다고 말한다. 그럼에도 요한은 예수의 세례 사건의 분명하면서도 매우 민감한 표징인 비둘기 모양의 성령이 예수 위에 내려오는 것을 목격한 자로 묘사된다. 요한 복음서는 이 사건을, 사건이 일어난 후 일정한 시간이 지난 뒤에서야 세례자 요한의 기억과 그의 말을 통해 전해 줄 뿐이다. 따라서 우리가 익히 알고 있는 이 장면이 요한 복음서에서는 상당히 변화되어 있다는 것을 알 수 있다. 여기에서는 요르단강뿐만이 아니라, 세례를 주는 사람과 세례를 받는 사람 사이의 대화도, 하늘이 갈라졌다는 언급도 찾아볼 수가 없다. 오직 가장 본질적인 요소만이, 다시 말해 삼위일체 하느님의 생명을 표현하고 있는 비둘기가 어린양의 머리 위에 내렸다는 사실만이 전해지고 있을 뿐이다. 이것이 요한 복음서가 표현하고 있는 하느님의 신중함이요, 이 세상의 역사에 조용하게 그러나 섬세하게 내미시는 그분의 손길이다. 이 세상에 오신 말씀 또한 그 속삭임을 경청하려는 이들에게만 자신의 목소리를 들려준다. 그는 결코 세상이 자신을 알아봐야 한다고 강요하지 않는다(1,10). 비둘기가 어린양 위에 내려온다. 그러나 이것은 세례자 요한조차 알아보지 못한 신비였다. 바로 이것이 하느님의 신비 그 자체이기 때문이다.

세례자 요한이 분명하게 언급하고 있는 것처럼(1,33) 성령은 생명을 온전히 쏟아 내는 죽음의 순간까지(19,30) 자신의 형상이 되어 줄 그 사람 위에 머무르기 위해 내려오신다. 세례자 요한은 육을 취한 말씀을 보았고, 그래서 하늘로부터 직접 들은 그 말씀에 관한 진리를 증언하였다. 그리고 확신에 가득 찬 이 증언 안에서 말씀은 보이고, 완성되며, 충만하게 자신을 실현해 낼 수 있게 된다(1,34).

똑같은 장면이 다시 한번 반복되는 것처럼 보이는 이튿날, 세례자 요한의 제자 두 사람이 예수에 관한 스승의 말을 듣고(1,36: "보라, 하느님의 어린양이시다") 그의 뒤를 따라간다. 요한이 들려주는 이 말은 두 제자에게 그랬듯, 우리 각자를 포함한 이 이야기의 모든 독자에게도 똑같이 선포되고 있다. 그것이 이 어린양의 뒤를 진정으로 따르겠다는 결정을 내리라는 촉구가 되기 때문이다.

앞 장면에서 세 번에 걸쳐 언급된 것처럼(1,32.33.34 – '보다'라는 동사가 반복적으로 사용되고 있다), 세례자 요한은 다시 한번 그분을 눈여겨보고, 자신이 본 그대로 증언하기 시작한다. 요한은 자신을 향해 오는 그리스도가 아니라, 단지 지나가는 그리스도를 보고 있다. 예수는 그렇게 자신의 길을 걷고 있을 뿐이다(1,36). 자신이 선택하고 잡을 수 있는 기회들을 만들어 가며 예수는 그렇게 지나가고 있다. 하느님의 어린양은 이제 요한과 자신의 새로운 만남이 아니라 요한이 전하는 마지막 증언(3,29-30)이 이루어질 수 있도록 준비한다. 그것은 이제 사람들의 시선이 신랑의 친구(세례자 요한)로부터 신랑 본인(하느님의 어린양)에게로 건너가야 한다는 의미이다. 광야에서 외치는 이의 '소리'는 자신의 증언을 '외쳤다'(1,23; 1,15 참조). 그리고 이제 자신의 사명이 그 끝을 향해 가고 있음을 알고 있다. 그럼에도 요한은 36절의 그리스어 동사 '엠블레포'(ἐμβλέπω: '눈여겨보다')가 시사하고 있듯, 자기 자신을 '눈여겨 바라보는 사람'으로 드러낸다. 그리고 자신의 증언이 강렬하면서도 오랫동안 이어진 그 '눈여겨 바라보는 시선'으로부터 솟아오른 것임을 보여 준다. 바로 이런 종류의 증언이야말로 신뢰할 만한 것이다. 왜냐하면 이러한 그의 증언은 신적 계시를 통해 무지의 상태에서 완벽한 인식의 상태로 넘어간 사람의 믿음으로부터 나온 것이기 때문이다. 세례자 요한의 증언은 이처럼 자신의 모든 것을 송두리째 흔들어 놓은 그리스도와의 만남을 결코 회피하지 않았던 이의 증언이다. 더 나아가 그의 증언은 자신에게 쏠리던 관심과 시선을 온전히 예수에게 돌리며, 그를 "하느님의 아드님"(1,34)으로 고백하길 주저하지 않았던 이의 증언이기도 하다.

3,25-30

요한의 제자들과 유다인들 사이에서 발생한 논쟁은 세례자 요한과 예수의 관계라는 주제를 다시 한번 우리에게 부각시켜 준다. 요한의 제자들은 자신들의 세력이 축소되고 있다는 일종의 불만을 그들의 스승에게 털어놓는다. 요르단강 건너편에서 예수는 요한과 함께 있었다(3,26). 그런데 지금은 왜 모든 사람이 예수에게로 몰려가고 있는 것인가? 하지만 이렇게 불만을 표현하는 요한의 제자들 역시 요한이 '그분에 대해 증언했다'는 사실을 잘 알고 있었다(3,26: "스승님께서 증언하신 분"). 여기에서도 핵심 어휘는, 복음서의 머리글에서 보았던 것처럼, 여전히 '증언'이라는 단어이다. 그러나 여기에서는 증인으로서의 요한에 관해 증언하는 문제를 다루고 있다(3,28). 따라서 그가 외친 말, 곧 그의 증언을 되새겨볼 필요가 있다. 그런데 이곳에서는 앞선 상황과 다르게, 요한의 존재가 우리의 신앙과 믿음에 아무런 도움이 되질 않고 있다. 바로 이것이 요한의 제자들이 받아들일 수 없는 것이었다. 요한의 증언이 진실하고 참된 그분을 받아들이고 따르라고 요구하고 있다는 것은 분명한 사실이다. 이제 과거로 다시 되돌아갈 수는 없는 노릇이다. 군중의 대부분이 예수에게로 몰려가고 있다는 질투심에서 생겨난 문제들을 계속해서 제기하는 것이 더 이상 용납될 수 없다는 것이다. 왜냐하면, 그들 역시 본래 예수에게 속해 있던 자들이기 때문이다. 이를 요한은 다음과 같이 말한다. "하늘로부터 주어지지 않으면 사람은 아무것도 받을 수 없다"(3,27). 요한은 이렇게 자신을 따르는 이들의 수로부터, 또 자신을 칭송하려는 이들의 추종으로부터 자신이 자유롭다는 것을 분명하게 보여 준다. 요한을 따르던 제자들은 요한 자신을 위해서가 아니라, 참된 메시아에게로 인도되기 위해 존재하고 있었던 것이다. 바로 이것이 모든 복음 선포자에게 필요한 삶의 방식이다. 오직 이를 통해 그리스도를 위한, 그분의 이름 안에 모인 참된 교회 공동체가 탄생할 수 있기 때문이다. 그렇지 않을 경우, 부적절한 방식으로 그리스도의 자리를 대신하려는 자들로 인해 교회는 무익하고 해로운 개인주의적 공동체로 전락하고 말 것이다.

   선구자였던 세례자 요한은 그리스도와의 관계에서 자신이 누구인지를 분명하게 보여 주기 위해 특별하고 강한 이미지들을 사용하여 말한다. 그가 사용한 표현에 따르면, 그는 단지 '신랑의 친구'일 뿐, 결코 '신랑'이 아니다. 합법적으로 신부를 소유할 수 있는 사람은 신랑이지, 신랑의 친구일 수 없다. 신랑의 친구는 그저 신랑의 목소리를 듣고 크게 기뻐할 뿐이다. 여기에서 말하는 신부는 아버지 하느님께서 신랑의 손에 맡겨 주신 이들(10,29; 13,3), 곧 인류 공동체이다. 따라서 이 대목을 읽고 있는 요한 복음서의 독자들은 이 대목의 바로 직전에 위치하고 있는 2장의 내용을 다시 떠올려 기억해 내야만 한다. 바로 거기에서 예수가 자기 자신을 참된 신랑으로 계시하고 있기 때문이다. 곧 예수는 혼인 잔치가 그 정점에 도달할 수 있도록 '좋은 포도주를 마지막 순간까지 남겨 두는'(2,10) 참된 신랑이 된다. 만일 예수의 목소리가 종말의 때에 세상을 심판하기 위해서가 아니라, 세상을 구원하기 위해 파견된(3,17) 신랑의 목소리라면, 이제 독자들은 니코데모의 망설임이나(3,1-9), 예수의 성전 정화 사건 앞에서 표징을 요구하는 유다인들의 선동적 회의주의(2,18)에 함께 가담할 수 없다. 오히려 독자들은 예수의 어머니가 잔치의 일꾼들에게 요구했던 것처럼, 예수가 자신의 제자들과 함께 현존하고 있는 그 혼인 잔치에 온전히 자신을 충만하게 내어 맡겨야만 한다(2,5).

따라서 세례자 요한이 점진적으로 작아지며 사라져 간다는 보고(3,30)는, 결코 그의 실패나 갑자기 그가 뒤로 물러나게 되었다는 것을 의미하지 않는다. 그것은 오히려 그가 자신의 사명을 충만하게 완성해 냈음을 의미한다. 요한은 그렇게 물러날 수 있었다. 왜냐하면 예수로 인해 자신의 기쁨이 충만해졌기 때문이다. 이미 그는 자신이 받은 사명을 이루어 냈다. "그분은 커지셔야 하고 나는 작아져야 한다"(3,30)는 그의 말은 단순히 사람들의 주목을 끌기 위한 선전 문구가 아니었다. 세례자 요한에 관한 이야기는 그의 이러한 진술 이후에도 복음서에서 여전히 거론될 것이다. 그러나 이 이후에 요한은 스스로 더 이상의 다른 어떤 이야기도 여기에 덧붙여 말하지 않을 것이다. 여기에서 선구자 세례자 요한의 믿음은 하느님의 행동 방식을 이해하는 것으로만 드러나지 않는다. 또한 하느님으로부터 기쁨과 사랑의 소식을 전하라는 사명을 받고 이 세상에 파견된 예수를 알아보고 이해하는 천리안을 가진 이로만 드러나는 것도 아니다. 오히려 여기에서 세례자 요한은 자신을 진리의 수호자로 드러내 보여 준다. 요한은 자신의 것이 아니었던 그 진리 앞에서, 머물 줄도 알았고, 또 사라질 줄도 알았다(J. Calloud). 이처럼 요한이라고 하는 한 사람의 전 존재는 오직 그리스도를 향해 있었다. 따라서 요한이 지녔던 믿음은 그의 존재와 활동만으로 측정될 수 있는 것이 아니다. 오히려 그의 믿음은 그 무엇보다도 극적이며 가장 어려운 순간에 이루어졌던 그의 물러남으로 측량될 수 있다. 그동안 믿음으로 활동하고 말해 왔던 것처럼, 이제 그 믿음 안에서 요한은 조용히 뒤로 물러선다. 요한은 이처럼 자기 자신만의 임무를 가지려고 하지도 않았고, 또 자기 자신만의 자유로 그것을 이루어 내려고 하지도 않았다. 요한에게는 자신의 선택으로 이루어지는 자기중심적 사고가 존재하지 않았다. 따라서 주님의 도래를 준비해야만 하는 이들이 쉽게 범할 수 있는 잘못, 곧 군중의 환호와 기대의 중심에 자기 자신을 대신 세워 놓는 오류의 위험을 요한에게서는 찾아볼 수 없다.

5,33-36

이 부분은 요한 복음서에서 예수가 세례자 요한에 대해 이야기하는 유일한 구절로, 위에서 이미 살펴보았던 두 번째 본문(1,19-28)에 관한 이야기가 여기에서 언급되고 있다. 예루살렘에서 파견된 유다인들은 한때 요한을 타오르는 등불로 여기며 그 빛 속에서 즐거움을 누리려고 하였다(5,35). 여기에서 예수는 인간의 것보다 훨씬 더 큰 증언, 곧 하느님 아버지의 증언을 거론하며(5,33.36) 자기보다 앞서 왔던 요한의 사명을 상대화하는 것처럼 보인다. 그러나 실제로는 요한의 역할이 "진리를 증언"(5,33)하는 것이었다고 단언하고 있다. 수정같이 맑고 분명한 요한의 목소리에는 이에 대한 조금의 흐릿함도 한 줌의 주저함도 없었다. 요한은 등불처럼 빛났고 타올랐다. 그러나 이 '등불'이라는 이미지는 '목소리'나 '신랑의 친구'와 같은 이미지들과 마찬가지로 요한 복음서에서 예수가 가지게 될 호칭에 그 자리를 내주게 될 것이다. 빛을 밝히기 위해 등잔이 필요하듯, 실제로 '말씀'은 자신을 울리게 해 줄 하나의 목소리를 필요로 한다. 요한은 이 세상에서 그리스도의 현존이 충만하게 드러나고 보여질 수 있었던 구체적이고 실재적인 장소였다. 예수가 요한을 '등불'로 묘사하며 사용했던 동사 두 개가 이를 잘 표현해 주고 있다. 등불은 스스로 타오를 뿐만 아니라 빛을 발하기도 한다. 짝을 이루고 있는 이 두 단어에서 우리는 '빛'과 '열', 혹은 '지성'과 '열정', '이성'과 '욕망'과 같은 두 개의 개념이 하나의 쌍을 이루고 있는 조합을 발견해 낼 수 있다. 만일 '빛'이 세례자 요한이 지녔던 시선, 곧 유다인들과 자신의 제자들 앞에서 예수를 '하느님의 어린양'으로 부르며, 더 나아가 '나보다 앞서 계신 분'으로 그분을 소개할 수 있었던 요한의 그 깊은 시선을 요구한다면, '열'은 그분에 대한 마음과 애정의 강렬한 관심으로 표현되어야만 할 것이다. 요한은 '신랑의 친구'로 자신을 규정했다. 그리고 요한의 이 말이 다시 한번 마지막 만찬에서 울리게 될 예수의 말들에 앞서 울려 퍼지고 있다. "나는 너희를 친구라고 불렀다"(15,15). 이 모든 것이, 공적인 삶을 통해 예수가 제자들에게 자신을 계시하기 훨씬 이전부터 온 정신과 마음으로 신랑의 도래를 증언했던 요한의 행동이 참된 것이었음을 보여 준다. 따라서 요한 복음서가 마르코나 루카 복음서와 달리 예수와 세례자 요한 사이에 이루어졌던 대화 내용을 보도하고 있지 않다 하더라도, 5,33-36이 전해 주는 예수의 말을 통해 그 둘 사이에 견고한 연결 고리가 존재하고 있었음을 쉽게 감지해 낼 수 있다.

10,40-42

세례자 요한에 대한 예수의 언급이 있은 후에, 요한의 이름을 거론하는 마지막 목소리는 바로 '군중'의 것이다. 그들은 전에 요한이 세례를 베풀던 곳에 머무르고 있던 예수에게로 몰려들던 사람들이었다. 세례자 요한에 대한 군중의 목소리를 담고 있는 이 부분은 요한 복음서에서 일종의 '첫 순간으로의 회귀'라고 불릴 수 있는 부분이다. 요한 복음서의 첫 열두 장, 곧 표징의 책은 이제 그 끝을 향해 달려가고 있다. 그리고 최고의 표징이라 말할 수 있는 라자로의 소생 이야기를 준비하고 있다. 선구자로서 세례자 요한은 이렇게 이미 오래전에 복음서의 무대에서 사라져 버렸지만, 그럼에도 그가 한 말만은 여전히 유효한 것으로 남는다. 앞서 풀이한 구절들에서도 이미 언급했던 풍부한 대조법을 여기에서도 발견할 수 있다. '현존現存'을 드러내는 '부재不在'가 바로 그것이다.

많은 사람이 공통적으로 말했던 것처럼 요한은 그 어떤 표징도 일으키지 않았다. 요한은 기적을 일으킬 수 있는 능력을 지닌 위대한 예언자나, 그런 능력을 하느님으로부터 부여받은 사람이 아니었던 것이다. 그러나 요한은 자신의 권위를 남용하거나 그리스도에게 돌려져야 마땅한 관심을 자신의 것으로 삼음으로써 말씀이 지닌 빛을 퇴색시키는 일을 결코 하지 않았다. 결론은 분명하다. 그는 그 어떤 표징도 일으키지 않았다. 표징의 부재. 그럼에도 그가 한 말은 모든 면에서 그리스도에 의해서 확인되고 확증되었다. 그는 진심 어린 말로 진리를 증언하였다(5,33). 그의 이러한 말은 하느님의 아들을 믿고, 그에 대한 신앙을 고백하도록 사람들을 이끌었다. 요한은 이제 자신의 말을 통해 현존하고 있다. 사람들이 요르단강 건너편으로 되돌아간다는 것은 육체적으로 또 지리적으로 이루어지는 단순한 이동이라고 말할 수 있다. 그러나 예수를 따르는 이들에게 이는 그들 안에서 언제나 살아 숨 쉬는 한 사람과 그 사람이 전해 준 증언을 상기시키는 행위가 된다. 그리고 복음서의 첫 순간에 세례자 요한에 의해 선포된 증언의 목적이었던 '믿음'(1,7)이 요한 복음서의 맺음말에서(20,31) 다시 한번 언급된다. 그리고 복음사가는 바로 "그곳에서"(10,42) 많은 사람이 예수를 믿었다고 전한다. 따라서 이는 결코 무의미한 표현일 수 없다. 바로 그 장소가 요한이 머물던 장소요, 요한이 자신의 증언으로 거룩하게 한 장소이기 때문이다. 요한의 등불은 이렇게 계속해서 타오르고 빛을 발하고 있는 것이다. 그러므로 많은 사람이 예수를 믿었다는 표현은 단지 하나의 사명이 효과적으로 성취되었다는 식의 간단하고 즉각적인 성공을 가리키는 표현이 아니다. 참된 믿음은 계속해서 또 다른 믿음을 낳는다. 시간적으로 무척 멀리 떨어져 있더라도, 그 믿음이 스며들고 접촉한 모든 곳 – 이는 어떤 장소가 될 수도 있고, 또 그 장소에서 이루어진 어떤 행동이 될 수도 있다. 단적인 예로, 강이나 물속에 잠기는 행동을 떠올려 볼 수 있겠다 – 에서 또 다른 믿음을 잉태시킨다.

삶 속에서 되새기기

세례자 요한을 통해 우리는, 믿음과 겸손이 떼려야 뗄 수 없는 관계에 있다는 것을 배운다. 실제로, 요한이 그리스도에 대한 자신의 믿음을 고백해 가는 과정이 바로 겸손의 길이었다. 그런데 우리는 종종 이것을 빈약한 자기존중과 연결시켜 이해한다. 다시 말해, 겸손을 자신에게 주어진 역할과 임무를 거절하거나 평범한 일상의 욕구들을 포기하는 것으로 이해하는 경향이 있다는 것이다. 스스로 겸손하다고 여기는 많은 사람이 실제로는 단지 게으르거나 진정한 봉사와 책임을 회피하는 이들임을 우리는 이미 잘 알고 있다. 요한의 믿음이 보여 준 겸손은 이와 전혀 다른 것이었다. 그의 겸손은 자신이 받은 사명을 결코 회피하지 않는 것이었으며, 나아가 받은 사명을 철저히 수행하도록 자신을 재촉하는 힘이었다. 또한 그의 겸손은 하느님으로부터 파견된 사람으로서 자신이 누구인지를 정확하게 아는 것이었다. 자신이 누구이며 무엇을 할 수 있고 또 무엇을 할 수 없는지를 정확히 알지 못하는 사람은 자기 자신을 우상으로 세우거나, 자신(ego) 안에서 숭배해야 할 신(神)을 찾게 된다. 그리하여 스스로를 전능한 자로, 모든 것을 알고 있고 모든 것을 살필 수 있는 자로 여기며 마침내 자신을 불멸의 존재로 믿게 되는 것이다. 이런 사람들 안에서는 다른 이들을 위한 여유나, 타인을 위한 마음(하느님을 찾으려는 마음)[9]을 조금도 찾아볼 수가 없다. 우리와 함께 살기 위

9_ 저자는 여기에서 l'Altro(직역: 다른 이)라는 말을 사용하였다. 이는 현대 유다인 철학자 마르틴 부버가 하느님을 두고 '완전 타자'(das ganz Andere)라고

해 오시는 구세주조차도 이런 사람들의 마음속에서는 머물 자리를 발견할 수 없을 것이다. 그러나 사람들은 자신들의 능력이나 범위를 과도하게 또 지나치게 뛰어넘는 일들을 쉽게 갈망한다. 위에서 살펴본 두 가지의 전형적인 표현으로 이를 다시 설명해 보자면, 그들이 혼인 잔치의 주인이나 혼인 잔치의 신랑이 되고자 한다는 것이다. 그러나 복음서는 마리아와 요한을 – 많은 예술 작품, 특히 성화에 등장하는 수많은 인물 가운데 이 두 사람이 우주 만물을 다스리시는 그리스도 곁에서 기도하고 청원(deisis)[10]하는 모습으로 자주 등장하는 것은 결코 우연이 아니다 – 각각 '주님의 여종'과 '신랑의 친구'로 제시한다. 그리고 이 둘은 세상에

말한 것을 배경으로 한 것 같다. 저자는 지금 '자신-타인'의 구도에서 설명을 하고 있다. 곧 '자신'을 신격화하게 되면, '타인' 심지어는 '완전 타자'인 하느님까지도 자신에게서 배제하게 된다는 것을 강조하는 것으로 보인다.

10_ 종종 deesis라고도 표현되는 이 말은 '청원'이나 '중재'라는 뜻의 그리스어 '데에시스'(δέησις)에서 유래하였으며, 그리스 정교회나 비잔틴 문화에서 발전한 그리스도교 초상학(iconografia)의 중요 주제 중 하나를 일컫는다. 일반적으로 축복을 내리는 그리스도가 가운데에 위치해 있고, 그 양 옆에 마리아와 세례자 요한이 죄인들을 위해 기도하고 청원하는 모습으로 그려진다. 그러나 이 둘은 종종 니콜라스 성인이나 그 밖의 다른 성인들, 특별히 그 지역을 대표하는 성인들로 대체되어 표현되기도 한다.

서 우리가 어떻게 행동해야 하는지에 대한 분명한 표본이 되어 준다. 하느님은 사람들을 만나기 위해 오시려는 당신의 의도와 계획을, 이 세상이 완벽하게 이해하고 받아들일 때에야 사람들 사이에 자신의 확실한 거처를 마련하신다. 실제로, 말씀은 "그분의 백성"(1,11) 사이에 오셨다. 따라서 우리는 이를 말씀의 백성, 곧 말씀에 속한 사람들에게 선포되고 있는 표현으로 이해할 수 있다. 왜냐하면, 그분의 백성은 자신들에게 오시는 하느님 앞에서 자신을 낮추는 행위, 곧 완벽한 '자기 비움'(kenosis)[11]을 선택했기 때문이다. 이러한 선택을 통해 말씀은 그분의 백성 사이에 오실 수 있었던 것이다. 그들이 바로 예수에게 속한 사람들이다. 그들이 예수와 같이 행동하고 있기 때문이다. 실제로 요한의 겸손은 하느님의 겸손에 대한 정확한 응답이었다. 그리고 그 겸손이라는 이름으로 전능하신 분이 종이 되었으며, 세상의 임금이 반역 죄인이 받아야 할 십자가를 기꺼이 받아들이셨다.

그러므로, 마태 11,11에서 예수가 세례자 요한의 위대함과 비천함을 다음과 같은 말로 요약한 것은 결코 우연이라 할 수

11_ 고대 그리스어 '케노시스'(κένωσις)에서 유래한 말로 '텅 빔' 혹은 '자기 비움'을 뜻한다. 주로 신학이나 그리스도교의 신비가들과 연결된 개념을 가리키기 위해 사용되는 말이다.

없다. 그는 '여자에게서 태어난 이들 가운데 가장 큰 인물'이지만, 동시에 "하늘 나라에서는 가장 작은 이라도 그보다 더 크다." 세례자 요한은 가장 큰 인물이며 동시에 가장 작은 인물이다. 오히려 가장 작은 인물이기에 가장 큰 인물이 된다. 그가 지닌 위대함은 – 하느님의 어린양과 비교하며 – 자신을 상대화시키는 능력으로부터 온다. 하느님은 작은 이들을 들어 높이신다. 세례자 요한은 도래하는 말씀 앞에서 자기 자신의 능력과 범위를 겸허히 받아들이고 인정함으로써 들어 높여졌다. 그의 기쁨에 찬 자기 소멸은 이렇게 상상조차 할 수 없는 위대함으로 그를 치켜 세워줄 만큼 심오한 것이었다. 요한은 하느님이 사람이 되셨음을 알아보았다. 그러나 정작 그 안에서는 한 인간이 하느님처럼 되는 일이 벌어지고 있었던 것이다. 루카 복음서가 이야기하고 있는 것처럼(3,15), 군중은 요한이 혹시 그리스도가 아닐까 생각하고 있었다. 사람들의 눈에는 요한의 모습이 신적인 무언가를 간직하고 있는 듯 보였던 것이다. 이처럼 신랑과 신랑의 친구는 여러 가지 면에서 동일한 모습을 지닌다. 이 때문에 오해가 발생하기도 하지만, 무엇보다 이러한 모습은 은총을 받아들이고 수용할 줄 아는 한 인간 안에서 그 은총이 이루어 내는 엄청난 활동으로부터 기인한다고 말할 수 있다. 만일 하느님의 모습을 지닌 신랑이 참으로 인간이 되었다면, 그 신랑의 친구 역시 그가 지닌 순수함과 광채로 말미암아 신적인 모습으로 보일 것이다.

따라서 우리의 믿음은 거짓으로 꾸며진 온화함과 거기에서 오는 좌절로 끊임없이 슬퍼하고 혼란스러워 하는 이들이 지닌 믿음일 수 없다. 오히려 겸손이야말로 바로 우리가 지닌 위대한 능력이 된다. 그 겸손이 슬픔과 분노를 근본적으로 물리치며, 긍지와 자부심으로 우리를 승리로 이끌기 때문이다. 겸손에 대한 가장 훌륭한 정의는 인간 존재의 핵심을 하느님 안에 두는 것이라 할 수 있다(Evdokimov). 같은 말을 세례자 요한에게 적용시켜 볼 수 있다. 그가 바로 자기 존재의 모든 핵심과 모든 시선을 그리스도에게 집중시켰던 사람이기 때문이다.

겸손의 이름으로 해석되는 이 믿음은 교회 안에 머무르며 그 안에서 사명을 수행해 가고 있는 우리 삶의 방식에 질문을 던진다. 세례자 요한은 교회에서 중요한 역할을 맡아 수행하는 것이, 하고 있는 활동이 가시적으로 효과를 내는 것이, 또 중요한 어떤 문제에 대해 목소리를 내는 것이 문제의 핵심이 결코 아니라는 사실을 우리에게 말해 주고 있다. 믿음 안에서 이루어지는 우리의 증언은 조용하게 침묵하고 있는 가운데, 혹은 물러서 있거나 다른 이에게 비춰지지 않는 가운데에서 오히려 가장 효과적인 성과를 이루어 낼 수도 있다. 우리는 땅에 묻혀 있는 밀

알 하나가 얼마나 큰 풍요로움을 지니고 있는지를 쉽게 간과하곤 한다(12,24). 요한은 참으로 자유로운 사람이었다. 자신을 그리스도로 믿고 생각하는 사람들의 말을 단호히 거절하며, 거대한 군중이 자기 자신이 아니라 그리스도에게 집중할 수 있도록 인도해 주는 그런 자유를 지닌 사람이었다. 무엇보다도 그가 지녔던 시선은, 다시 말해 나자렛 예수와 그가 걷는 삶의 여정에, 성령 안에서 예수와 아버지 하느님이 맺고 있는 친교에, 역사에서 이루어지는 하느님의 활동에 항구하게 머물고 있는 요한의 그 시선은 우리가 지니고 있는 시선에 질문을 던지고 있다. 그의 시선이야말로 예수가 하는 모든 말을 하나도 놓치지 않고 이해하기 위해 끊임없이 심혈을 기울이는 날카롭고 열정에 가득 찬 시선이었기 때문이다. 요한의 믿음은 이처럼 모든 세대에 걸쳐, 끊임없이 활동하지만 그 안에서 여전히 하늘을 바라보는 일을 잊지 않는 관상가들의 믿음이요, 스스로도 불타오르지만 더불어 참된 빛을 받아 그 빛을 전해 주고 알려 주는 증인들의 믿음이라고 말할 수 있다.

클라우디오 아를레티 신부

Don Claudio Arletti

제3장

카나의 혼인 잔치와 예수의 어머니

요한 복음서에 나오는 믿음의 인물들

너는 이것을 믿느냐?

마리아가 중재할 수 있었던 것은
예수에 대한 굳은 믿음이 있었기 때문이다.
잔치의 상황을 제일 먼저 간파한 사람이 바로 마리아다.
이는 다른 이에 대해
자연스럽고 끊임없는 관심이 있기에 가능한 것이었다.
우리에게 마리아가 가르치고 있는 것이 바로
다른 이에 대한 관심 어린 시선과 하느님에 대한 신뢰다.

둘러보기

카나의 혼인 잔치 이야기 (2,1-12)는 상징적이다. 카나에서 벌어진 일을 사실적으로 묘사하면서도, 이를 통해 또 다른 내용 곧 하느님께서 이루시는 업적이 드러나도록 구성되어 있다. 이런 상징적인 구조를 두고 '시대에 관한 신학'(teologia della cronaca; theology of chronicles)이라고 표현해도 되지 않을까 싶다. 카나에서 벌어진 혼인은 하느님과 당신 백성 사이의 혼인을 상징한다. 예수가 혼인 잔치에 와서 새 포도주를 내주는 것은 옛 시대의 구원 경륜에서 새 시대의 구원 경륜으로 전환되었다는 것을 의미한다. 새 계약의 포도주(주님의 피)는 옛 계약의 물(율법)에서 나온 것이지만, 그 자체로 잔치에 이미 내놓았던 포도주보다 더 좋다. 마지막까지 남겨 둔 이 새 포도주의 풍요로움 덕분에 혼인 잔치는 계속 이어질 수 있었는데, 이는 하느님께서 마지막 날에 만민을 위한 잔치를 준비하고 계심을 상징한다. 이 이야기가 담고 있는 풍성한 신학적 메시지 안에서 마리아는 중요한 자리를 차지한다. 포도주가 필요하다는 사실을 깨닫고 아들 예수에게 말한 이도 마리아고, 일꾼들에게 예수가 시키는 대로 하라고 일러 준 이도 마리아다. 우리는 마리아가 혼인 잔치에서 보여 준 모습을 통해 교회가 어떠한 모범을 보여야 하는지를 깨닫게 된다.

카나의 혼인 잔치 이야기는 이른바 '이야기 형식의 머리글'(1,19-2,12)에서 마지막 부분을 장식한다. 이 머리글은 "이튿날", "사흘째 되는 날"과 같은 말들로 시간의 흐름을 강조하고 있는데 이를 합치면 일주일이 된다(1,29.35.43; 2,1). 요한 복음서의 서두에 자리한 이 한 주간 동안 말씀이 선포되고, 여러 사건이 발생하며, 그 가운데 주님인 예수에 관한 한층 높은 차원의 계시가 이루어진다. 그는 세상의 죄를 없애는 하느님의 어린양이며, 성령으로 세례를 베푸는 이고, 하느님의 아들이며, 메시아다. 혼인 잔치는 바로 이 한 주간의 끝, 곧 일곱 째 날이자 주님 부활의 날에 벌어졌는데, 그것은 이 이야기가 예수의 정체성을 계시하는 정점임을 보여 준다. "예수님께서는 … 당신의 영광을 드러내셨다"(2,11). 예수 자신이 하느님으로서 빛나는 광채를 드러낸 것이다.

카나의 혼인 잔치 이야기를 시작으로 요한 복음서의 전반부에 해당하는 이른바 '표징의 책'(1,19-12,50)이 펼쳐진다. 이 부분을 표징의 책이라고 부르는 것은 그 안에 일곱 가지 표징에 대한 이야기가 담겨 있기 때문이다. 요한 복음사가는 공관복음사가들이 '기적들'(δυνάμεις: 능력의 행위들)이라고 부르는 것을 '표징들'(σημεῖα)이라고 부른다. 왜냐하면 예수가 일으킨 기적의 행위들을 마치 '광채가 번쩍이는 사건들'로 묘사함으로써 그 행위들 안에서 예수의 신성이 드러나고 있음을 보여 주고자 했기 때문이다.

몇몇 학자는 요한 2장을 구성하는 두 가지 사건, 곧 물을 포도주로 바꾼 표징과 성전 정화 사건이 요한 복음서의 서두에 위치하고 있는 이유가 복음서 전체에 하나의 특별한 전망을 제시하기 위해서라고 본다. 2,18-19에 유다인들과 예수가 나눈 다음과 같은 대화가 나온다. "당신이 이런 일을 해도 된다는 무슨 표징을 보여 줄 수 있소?" "이 성전을 허물어라. 그러면 내가 사흘 안에 다시 세우겠다." 이 대화를 통해 우리는 파스카 신비, 곧 예수의 죽음과 부활이 복음서 전체를 두루 비추고 있다는 사실을 알 수 있다.

혼인 잔치라는 주제는 구약성경의 다양한 구절과 병행을 이른다. 이러한 측면 때문에 카나의 혼인 잔치 이야기는 예언과 성취라는 맥락에서 읽어야 한다. 여기서 말하는 예언의 성취는 두 가지 차원으로 볼 수 있는데 하나는 예수 시대에 이루어지는 성취를 말하고, 다른 하나는 종말론적으로 이루어지는 성취이다. 카나의 혼인 잔치는 구약 시대부터 기대해 온 이스라엘 백성과 하느님의 온전한 일치가 비로소 이루어졌음을 보여 준다. 부부의 사랑은 - 어머니의 사랑도 그러하지만 - 인간사에서 경험할 수 있는 것이기에 이를 통해 하느님의 사랑이 무엇인지, 또 하느님과의 일치가 어떤 의미인지를 더 잘 이해할 수 있다. 신·구약성경의 여러 구절은 그분과의 일치를 바라는 염원이 이스라엘 백성뿐 아니라 다른 민족들에게까지 확장된다는 사실을 전한다. 그런데 바로 이 염원이 예수 안에서 충만히 성취되었으며, 예수의 이러한 성취를 통해 마지막 때에는 하느님께서 모든 이 안에 모든 것이 되신다. "만군의 주님께서는 이 산 위에서 모든 민족들을 위하여 살진 음식과 잘 익은 술로 잔치를, 살지고 기름진 음식과 잘 익고 잘 거른 술로 잔치를 베푸시리라"(이사 25,6). "어린양의 혼인 잔치에 초대받은 이들은 행복하다"(묵시 19,9ㄱ).

구절 풀이

2,1-2

시간을 나타내는 "사흘째 되는 날"(1절)이라는 표현은 예수의 부활 사건을 떠올리게 한다. 이를 통해 물독에 담겨 있던 물이 바뀐 새 포도주는 새 계약의 포도주임을 알 수 있다. "이 잔은 너희를 위하여 흘리는 내 피로 맺는 새 계약이다"(루카 22,20). 동시에 이는 종말론적인 잔치에 쓰이는 포도주이기도 하다. "내가 너희에게 말한다. 내 아버지의 나라에서 너희와 함께 새 포도주를 마실 그날까지, 이제부터 포도나무 열매로 빚은 것을 다시는 마시지 않겠다"(마태 26,29).

'카나'는 나자렛과 매우 가까운 작은 고을이었다. 따라서 이 혼인 잔치는 가난한 사람들이 베푼 것이라 상상할 수 있다. 아닌 게 아니라 실제로 잔치 중에 포도주가 다 떨어졌다. 이는 잔치를 벌인 주인 입장에서 볼 때 초대된 손님들 앞에서 – 예수와 어머니 마리아가 이 잔치에 초대된 것은 아마도 마리아의 친척이 잔치를 베풀었기 때문일 것이다 – 상당히 민망하고 부끄러운 일이 될 수도 있는데 실제 그런 일이 벌어진 것이다. 당시에 혼인 잔치는 사회적으로 중요한 순간이었다. 낮 동안에는 마을 전체가 이 잔치에 참여하였고, 잔치에 나오는 음식과 술은 혼인을 기념하는 표지였던 만큼 그것들이 얼마나 잘 차려지는지에 따라 그 잔치의 사회적 가치가 결정되었다. 그런데 요한 복음사가는 카나에서 있었던 혼인 잔치에 대한 일종의 보고서를 기술하려 들지 않는다. 가령 잔치의 신부가 누구인지와 같은 중요한 요소들을 굳이 언급하지 않는다. 대신에 상대적으로 덜 중요한 것들에 대해 말한다. 이는 하나의 상징적인 이야기를 구성하기 위한 것이었다. 곧 예수의 피로 맺어지는 새 계약을 통해 하느님과 당신 백성 이스라엘 - 본문에서 마리아, 일꾼들, 손님들이 이 백성의 표상이다 - 사이에 혼인이 이루어지게 된다는 것을 암시하는 것이다.

"예수님의 어머니도 거기에 계셨다"(1절). 요한 복음서 전체에서 예수의 어머니가 나오는 장면은 이곳과 예수가 십자가에 매달려 있을 때뿐이다. 이 사실은 카나에서 벌어진 일이 십자가의 신비와 깊이 관련되어 있음을 보여 준다. 카나에서 드러나는 예수의 영광은 인간을 향한 하느님의 사랑을 보여 주는 최고의 표징인 십자가에서 드러날 바로 그 영광이다. 또 잔치에서 새로 생긴 그 좋은 포도주는 예수가 바친 생명을 미리 암시하는 표징이다.

"예수님도 제자들과 함께 그 혼인 잔치에 초대를 받으셨다"(2절). 카나의 표징은 제자들의 믿음을 위한 것이다(2,11). 예수는 혼인 잔치의 초대를 받아들이고 그저 손님으로서 그 자리에 있었다. 그러나 어머니의 간청 때문에 잔치에서 벌어진 딱한 사정에 개입할 수밖에 없었다. 이러한 사실은, 이 혼인이 전체 줄거리를 구성하는 하나의 요소로서 그 역할을 하는 동시에 주님과 우리의 관계가 어떤 것인지를 암시하는 역할도 한다는 것을 알려 준다. 아우구스티노 성인은 이를 다음과 같이 풀이하였다. "혼인 잔치를 위해 이 세상에 오신 분께서 이 집의 혼인 잔치에 초대받아 가셨다는 것은 얼마나 놀라운 일입니까?"(《요한 복음 강해》 8,4,1-3)

2,3-4

번영과 기쁨을 상징하는 포도주가 떨어졌다. 포도주 없이는 잔치도 더 이상 이어질 수 없다. 여기서 포도주가 떨어졌다는 것을 두 가지 차원에서 알아들을 수 있다. 존재론적인 차원에서 볼 때 이는 하느님께서 인간의 삶에 어떤 선물도 주시지 않는다면, 우리는 혹독하고 불완전하며 부족한 조건 속에 살 수밖에 없다는 것을 가리킨다. 구세사의 차원에서 볼 때는 하느님 백성이 매우 절박한 상황에 놓여 있어서 더 이상 하느님의 약속이 늦춰질 수 없게 되었음을 뜻한다. 예수의 어머니는 바로 이러한 상황을 알아차리고 이를 아들에게 전한다. 하느님의 약속이 성취되기를 절박한 마음으로 간절히 바라고 있는 이스라엘 백성의 열망을 마리아가 대신 토로하는 것이다. 이로써 구원을 기다리는 모든 신실한 이스라엘 백성이 마리아 안에서 시온의 딸이 된다. 마리아가 예수에게 말을 건네는 바로 그 순간에 구약성경의 모든 구절은 하느님과의 관계 속에서 메시아에 대한 기다림을 가리키는 말씀이 되는 것이다. 마리아가 건넨 말은 단순한 간청이 아니라 절박한 상황에 대한 고백이다. 하느님께서 아들에게 능력을 주셨음을 알고 있었기 때문이다. 어쨌든 이렇게 하여 '예수의 때'가 아직 오직 않았음에도 이를 미리 앞당겨 실현시킬 수 있었다. 절박한 상황을 알아차리고 예수에게 그 상황에 개입하기를 청한 이도 마리아요, 예수가 시키는 대로 일꾼들이 일을 하도록 중재한 이도 마리아다.

바로 여기에서 교회 공동체의 아름다운 면모가 드러난다. 교회는 중재자로서 인류가 겪는 온갖 절박한 상황을 바라보고 끊임없는 활동을 통해 이를 하느님께 토로한다. 교회가 하느님께 드리는 이 미소한 고백은 함축적으로 예수가 제자들에게 가르치신 주님의 기도에서 비중 있는 자리를 차지한다. 교회는 "아버지의 이름이 거룩히 빛나시며"라는 구절을 통해 모든 이에게 하느님의 영광이 드러나기를 청한다. 왜냐하면 하느님의 이름은 아버지, 전능하신 분, 자비로우신 분, 구세주이기 때문이다. 또 "아버지의 나라가 오시며"라고 기도함으로써 하느님의 자녀들이 악의 종살이로 살고 있는 나라, 그래서 그들이 하느님과 함께 축제를 거행할 수 없는 그 나라가 종말을 맞도록 간구한다. "아버지의 뜻이 하늘에서와 같이 땅에서도 이루어지소서"라는 구절로 하느님의 선하신 뜻이 역사에서 실현되기를 바라며, "오늘 저희에게 일용할 양식을 주시고"라는 구절로써 우리가 모든 형제와 함께 기쁨으로 하느님을 섬기기 위해 필요한 것을 청한다.

본문에서 마리아의 고백에 대한 예수의 대답은 이렇다. "여인이시여, 저에게 무엇을 바라십니까? 아직 저의 때가 오지 않았습니다"(4절). 거리감이 느껴지는 말이다. 이는 예수가 열두 살 때에 그를 잃어버렸다고 생각한 부모가 그를 성전에서 다시 찾았을 때에 들었던 말에 견줄 수 있다. "왜 저를 찾으셨습니까? 저는 제 아버지의 집에 있어야 하는 줄을 모르셨습니까?"(루카 2,49) 또 가나안 여인이 예수에게 딸을 고쳐 달라고 청했을 때, 모질게 반응하였던 모습과도 비슷하다. "나는 오직 이스라엘 집안의 길 잃은 양들에게 파견되었을 뿐이다. … 자녀들의 빵을 집어 강아지들에게 던져 주는 것은 좋지 않다"(마태 15,24.26). 그런데 예수는 이어지는 장면에서 가나안 여인의 믿음을 보고 "아, 여인아! 네 믿음이 참으로 크구나. 네가 바라는 대로 될 것이다"(마태 15,28)라고 말한다. 바로 이 대화의 맥락을 통해 우리는 카나의 혼인 잔치에서 예수가 어머니에게 한 대답을 이해할 수 있다.

사실 "아직 저의 때가 오지 않았습니다"라는 말은 십자가상의 수난을 암시한다. 그리고 요한 복음서에서 어머니 마리아에 대한 언급은 이 장면 외에 19,25-27에만 나온다. "예수님의 십자가 곁에는 그분의 어머니와 … 마리아 막달레나가 서 있었다." 마리아가 십자가 곁에 서 있다. 곧 마리아는 카나에서 그리고 십자가 곁에서 그렇게 서 있으면서 예수의 영광이 드러나는 이 두 사건에 대한 증인이 된다. 따라서 마리아 안에서 이 두 사건은 하나로 통합된다. 카나에서 드러난 영광이 바로 십자가에서 드러난 영광이고, 카나에서 변화된 포도주가 새 계약을 위해 흘리신 피가 된다. "예수님께서는 당신의 어머니와 그 곁에 선 사랑하시는 제자를 보시고, 어머니에게 말씀하셨다. '여인이시여, 이 사람이 어머니의 아들입니다'"(19,26). 이 말을 통해 제자는 마리아 앞에서 예수와 같은 정체성을 지니게 된다. 이제부터는 그리스도가 자신의 제자들 안에 현존하게 되고, 마리아는 예수가 사랑하는 제자의 어머니가 되는 것이다. 마치 '아브라함의 자녀'라는 말이 육체적 혈통이 아니라 믿음에 의해 탄생한 이들을 가리키는 것처럼, 마리아의 믿음 안에서 믿음의 열매가 태어난 것이다. 그러므로 새로운 구원 경륜 안에서 주님의 제자들은, 마리아의 믿음 안에서 그녀의 자녀가 된다고 말할 수 있다. 여기에서 마리아를 교회의 어머니로 고백하는 교리가 탄생하였다.

후기 구약 시대에 예루살렘은 종종 시온의 딸, 곧 마지막 때에 하느님의 백성으로 가득 찬 나라를 낳는 여인으로 표현되었다. 이제 마리아가 바로 그 시온의 딸이 된다. 믿음을 가지고 메시아를 기다리던 이스라엘 백성의 정체성과 사명이 그녀 안에서 통합되는 것이다. 마리아는 이스라엘 공동체의 완성인 동시에 거룩한 하느님 교회의 시작이다. 우리는 마리아 안에서 새로운 구원 역사의 두 가지 이미지를 보게 된다. 마리아 안에서 드러나는 첫 번째 이미지는 교회이다. 그녀가 믿음과 순종 안에서 하느님께 자신을 내어 맡긴 첫 여인이기 때문이다. 마리아의 두 번째 이미지는 그 교회의 어머니이다. 이는 주님이 사랑하는 제자가 교회를 상징하고 있다는 사실뿐 아니라, 마리아의 믿음 안에서 교회가 탄생했다는 점에서도 그러하다.

'때'(ὥρα)라는 용어는 요한 복음서에서 그 의미가 특별하고 풍요롭다. 예수의 때란 그가 십자가 위에 들어 올려진 때요, 하느님 아버지 곁으로 되돌아가는 때이다. 또 처음부터 늘 그가 간직해 온 영광이 드러나는 때이고, 믿는 모든 이에게 하느님의 선물로 성령이 주어지는 때이며, 파스카의 신비가 충만하게 실현되는 때이다. 십자가에 못 박혀 죽은 예수 그리스도가 바로 '하느님의 힘이시며 지혜'이다(1코린 1,24). 이 죽음을 통해 인류에 대한 하느님의 '넘치는' 사랑이 ─ 그리스 교부들의 말을 빌리자면 '과도한' 사랑이 ─ 드러났다. 요한 복음서에서는 사랑의 계시인 십자가 사건의 순간이 곧 예수가 부활한 순간이며, 성령이 우리에게 선물로 주어진 순간이다. 십자가 위에 들어 올려진 그 순간에 예수의 영광이 드러난 것은 하느님의 섭리이다. 덧붙여 말하자면 하느님께서는 세상 모든 피조물이 마리아의 입을 빌려 '포도주가 없습니다' 하고 고백하며 예수의 영광이 결정적으로 드러나도록 간구하기를 바라고 계실지도 모른다. 이로써 십자가 사건의 순간이 실현되기 때문이다.

2,5-8

마리아는 하느님뿐 아니라 아들 예수를 온전히 신뢰했다. 그래서 일꾼들에게 이렇게 말한다. "무엇이든지 그가 시키는 대로 하여라"(5절). 하느님께 신뢰를 다한다는 것은 하느님이 우리의 아버지이시고 당신 자녀들에게 필요한 것을 알고 계신다는 사실을 믿는다는 의미이다. 또 예수를 신뢰한다는 것은 예수가 하느님의 선하신 뜻을 온전히 이루기 위해 이 세상에 왔다는 사실을 믿는 것이다. 마리아가 일꾼들에게 한 말은 파라오가 이집트인들에게 한 말을 떠올리게 한다. "요셉에게 가서 그가 시키는 대로 하여라"(창세 41,55). 파라오는 이집트 땅에 기근이 심했을 때 이를 극복하기 위해서 지혜로운 요셉을 신뢰해야 한다는 것을 알았다. 여기서 요셉은 그리스도의 예형(figura)이 된다. 또 마리아의 말은 무엇보다도 이스라엘 백성이 시나이 산에서 하느님과 계약을 맺으면서 다짐한 말과도 상응한다. "주님께서 말씀하신 모든 것을 실행하고 따르겠습니다"(탈출 24,7). 이러한 점에서 마리아는 새로운 계약에 충실할 것을 선포하는 새 이스라엘의 표상이 된다.

유다인들의 정결례에 쓰이는 돌로 된 물독은 옛 계약에 따라 이루어지는 다양한 경신례 일체를 가리킨다. 물독이 여섯 개인 것은 숫자 일곱이 충만함을 상징한다는 사실과 대비하여 결핍의 상태를 나타낸다. 새 계약에 비추어 볼 때 첫 번째 계약은 무언가 결핍되어 있는 것이다. 주 하느님께서는 당신 백성과 새 계약을 맺을 것이라고 약속하셨고 그때에는 당신 백성의 마음을 바꾸실 뿐 아니라 그들 가슴에 당신 법을 새기게 하겠다고 말씀하셨다(예레 31,33). 물독 여섯 개가 모두 두세 동이들이라는 것은 600리터 정도의 물을 담을 수 있을 정도로 용량이 상당히 크다는 것을 의미한다. 이 정도 양의 물이 최상급의 포도주로 바뀌었으니 잔치는 꽤 길게 이어질 수 있었을 것이다. 하느님의 선물도 마찬가지다. 하느님은 차고 넘칠 정도로 가득한 은혜를 베푸시는 분이다. 이 점은 오천 명을 먹이신 기적에서도 찾아볼 수 있다. 모두가 배부르게 먹고 남은 조각을 모았더니 열두 광주리를 가득 채우고도 남았다. 이렇게 풍요롭게 주어지는 빵과 포도주 이야기는 세상 끝 날까지 이어질 모든 시대마다 신앙인들을 양육하는 성체성사를 상징하기도 한다.

"예수님께서 일꾼들에게 '물독에 물을 채워라.' 하고 말씀하셨다. 그들이 물독마다 가득 채우자, 예수님께서 그들에게 다시, '이제는 그것을 퍼서 과방장에게 날라다 주어라.' 하셨다. 그들은 곧 그것을 날라 갔다"(7-8절). 여기서 물은 율법을 상징한다. 그리고 물독에 물이 가득 채워지는 것은 첫 번째 계약 안에 온갖 규정과 강요들로 이루어진 그 율법이 담겨 있음을 뜻한다. 일꾼들이 예수가 시키는 대로 일을 하였다는 것은 순명을 상징한다. 첫 표징이 실현될 수 있었던 것은 그 일꾼들이 묵묵히 그 말에 따라 정확하게 일을 하였기 때문이다. 바로 여기서 우리는 복음 선포를 위해 헌신하는 부당한 종들도 하느님의 권능이 이 땅에 드러나는 데 기여하는 도구가 될 수 있음을 알 수 있다.

2,9-10

물독의 물은 구약의 구원 경륜을 가리킨다. 그런데 그것이 신약의 구원 경륜에서 포도주가 되었다. 새 구원 경륜에서는 사랑이 율법을 해석하고 실천하는 기준이 되는 것이다. 그리고 과방장이 포도주가 '어디에서 났는지' 알지 못하였다는 대목에서 우리는 예수의 기원에 관한 요한 복음서의 전형적인 신학 사상을 볼 수 있다. 그는 어디에서 왔는가? 위에서, 곧 하느님에게서 왔다. 그러나 유다인들은 이를 알지 못한다. 과방장이 좋은 포도주를 맛보고서 그것이 어디에서 온 것인지도, 사실은 위에서 내려온 선물인지도 모르는 것도 이와 마찬가지다(위에서 내려온 선물은 또한 성령을 상징한다). 7,27에서 요한 복음사가는 이러한 유다인들의 입장을 다음과 같이 기록한다. "메시아께서 오실 때에는 그분이 어디에서 오시는지 아무도 알지 못할 터인데, 우리는 저 사람이 어디에서 왔는지 알고 있지 않습니까?" 9,29에서도 마찬가지다. "우리는 하느님께서 모세에게 말씀하셨다는 것을 아오. 그러나 그자가 어디에서 왔는지는 우리가 알지 못하오." 이에 대해 예수는 8,14에서 그들에게 다음과 같이 대답한다. "내가 나 자신에 관하여 증언하여도 나의 증언은 유효하다. 내가 어디에서 왔고 어디로 가는지 알기 때문이다. 그러나 너희는 내가 어디에서 왔는지, 또 내가 어디로 가는지 알지 못한다."

과방장은 잔치가 시작될 때 내놓았던 포도주보다 예수가 내어 준 포도주가 훨씬 좋다고 말한다. 이 역시 두 가지 차원에서 벌어지는 구원 경륜을 비교하고 있는 것으로 볼 수 있다. 첫 번째 구원 경륜은 모세의 율법을 바탕으로 하고 두 번째 구원 경륜은 주님의 피를 바탕으로 한다. 우리가 이미 살펴보았듯이 정결례의 물과 포도주가 이 두 가지 차원을 나타내는 것처럼 첫 포도주와 새 포도주 역시 이를 가리키는 것이다. 그렇다. 첫 번째 계약에서도 포도주는 있었다. 첫 번째 계약 역시 잔치였고, 기쁨이었다. 그러나 하느님께서는 이보다 더 위대한 무언가를 준비하고 계셨다. 곧 예수가 만든 좋은 포도주는 하느님 나라의 포도주인 것이다. 여기서 요한 복음사가는 새 포도주란 바로 하느님 나라의 때가 찼을 때 예수가 공생활 전체를 통해 일구어 낼 선물임을 알려 주고 있다. 아우구스티노 성인은 이를 다음과 같이 풀이한다. "그리스도께서는 그 순간까지 좋은 포도주, 곧 복음을 품고 계셨다."

혼인 잔치 이야기의 여러 주제 가운데는 신랑에 대한 내용도 있다. 이 이야기에서 신랑은 과연 누구인가? 무엇보다 이름이 소개되지 않았기에 확실히 알 수는 없다. 몇몇 학자는 신랑을 하느님으로, 이 이야기 전체를 새 포도주의 선물을 통해 이루어지는 혼인으로 본다. 다른 학자들은 신랑을 그리스도로 본다. 왜냐하면 잔치의 포도주를 책임져야 할 사람은 바로 신랑인데 그리스도가 이를 수행하기 때문이다. 이들의 견해를 염두에 둔다면 이 이야기가 세례자 요한이 한 말과 의미 있는 병행을 이루고 있음을 알 수 있다. "'나는 그리스도가 아니라 그분에 앞서 파견된 사람일 따름이다.' 하고 내가 말한 사실에 관하여, 너희 자신이 내 증인이다. 신부를 차지하는 이는 신랑이다. 신랑 친구는 신랑의 소리를 들으려고 서 있다가, 그의 목소리를 듣게 되면 크게 기뻐한다. 내 기쁨도 그렇게 충만하다"(3,28-29). 사실 신랑이 하느님인지 예수인지는 그렇게 문제가 되지 않는다. 왜냐하면 구약성경에서 하느님의 특징이나 속성을 묘사하는 표현들이 요한 복음서에서는 예수에게 그대로 적용되기 때문이다. 이와 관련하여 예수는 이렇게 말한다. "아버지와 나는 하나다"(10,30).

그렇다면 누가 신부인가? 바로 마리아이다. 마리아는 시온의 딸을 상징한다. 그녀는 옛 계약의 시대에 하느님의 약속이 성취되기를 간절히 기다리고, 주님의 날이 오기를 갈망하는 '신실한 남은 자들'을 대표한다. 마리아 안에서 이스라엘 백성의 염원, 모든 민족을 위해 마련된 구원을 맞이하는 일이 실현되는 것이다. 또한 마리아는 교회의 표상이기도 하다. 마리아야말로 주님의 첫 번째 제자이며 자신의 믿음에 의해 탄생된 구원받은 백성을 상징하기 때문이다. 이렇듯 마리아가 신실한 이스라엘 백성, 그 백성에 합류하는 모든 민족을 아우르는 새 계약의 백성을 표상하는 만큼 이 잔치의 참된 신부라 할 수 있다.

2,11-12

카나의 사건은 예수의 첫 번째 표징 곧 '표징들의 첫 번째'이다. 예수의 표징들은 구원 역사에서 하느님 나라의 시작을 알리며 또한 아들로서의 영광을 드러낸다. 예수는 자신이 하는 일들, 곧 표징들을 통해 자기 정체성을 밝히는데, 이것 역시 요한 복음서의 주요 주제들 가운데 하나다. "내가 하고 있는 일들이 나를 위하여 증언한다. 아버지께서 나를 보내셨다는 것이다"(5,36).

한편 요한 복음서는 예수의 영광(신성)을 매우 특별한 방식으로 묘사한다. 이 영광은 파스카와 관련되어 있는데, 바로 이 점에 비추어 혼인 잔치에서 포도주가 부족했다는 사실을 되새길 수 있다. 곧 예수의 영광은 인류의 깊은 내면에 담긴 온갖 고통, 외로움, 걱정, 부족함을 끌어안고 그 모든 것을 새롭게 비춘다. 그러기에 이 영광은 인류 역사에 새겨진 영광이며 그 역사로부터 의미를 드러내는 영광이다.

"그리하여 제자들은 예수님을 믿게 되었다"(11절). 혼인 잔치에서 무슨 일이 벌어졌는지를 깨달은 사람은 그리 많지 않았다. 오직 마리아, 물독에 물을 채운 일꾼들, 그리고 제자들이 전부다. 카나의 표징은 화려한 공연이 아니다. 사람들 마음의 문을 조용히 두드릴 뿐 그들의 자유의지까지 꺾지는 않는다. 이렇듯 메시아는 거창하지 않은 방식으로 오며, 인격적이고 직접적이면서도 감추어진 관계를 통해 자기 자신을 알린다. 그러므로 표징은 그것을 경험한 사람 모두에게 힘을 발휘하는 것이 아니라, 좀 더 깊은 차원에서 그 표징을 바라본 이들에게만 효력을 지닌다. 바로 여기서 교회의 믿음이 시작된다. 요한 복음사가는 복음서의 끝에 이 주제를 다음과 같이 언급한다. "예수님께서는 이 책에 기록되지 않은 다른 많은 표징도 제자들 앞에서 일으키셨다. 이것들을 기록한 목적은 예수님께서 메시아시며 하느님의 아드님이심을 여러분이 믿고, 또 그렇게 믿어서 그분의 이름으로 생명을 얻게 하려는 것이다"(20,30-31).

예수가 카나를 떠날 때, 어머니와 형제들과 제자들이 그와 함께 있었다. 이는 표징이 일치를 낳았고, 주님을 중심으로 한 작은 공동체, 즉 교회의 첫 번째 핵심 공동체를 탄생시켰음을 의미하는 것이라 할 수 있다.

삶 속에서 되새기기

여러 차례 강조했던 것처럼, 카나의 혼인 잔치 이야기를 통해 인간적인 차원의 사랑이 하느님과 인류의 혼인이라는 또 다른 이미지로 고양되었다. 물론 여기서 인간적인 사랑 자체가 지닌 가치를 배제하는 것은 아니다. 예수는 혼인 잔치에 함께하였고 그 자리에 마음을 썼다. 그리하여 어머니의 염려를 받아 주고 하느님의 창조 섭리에서 중요한 요소인 은총이 인간적인 요소 안에서 받아들여질 수 있도록 이끌었다.

카나의 혼인 잔치 이야기를 통해 이 세상의 혼인에 대해서도 생각하게 된다. 실제 혼인 생활에서도 포도주가 떨어질 수 있다. 포도주가 없다면 잔치의 기쁨은 사라지고 압박감과 괴로움, 실망만이 남아 그 어떤 긍정적인 기대감도 가질 수 없기 마련이다. 오늘날 많은 혼인 생활이, 심지어 그리스도인들의 혼인까지도 이러한 위기를 맞고 있다. 주님 안에서 혼인이 이루어졌는데도 어떻게 좋은 포도주가 갑자기 사라질 수 있는가? 이에 대해서는 그 어떤 대답도 정답이라고 감히 내세우기 어려울 것이다. 다만 '더 이상 포도주가 없다!'는 말을 통해 다음과 같은 기도를 드릴 수는 있다. "주님, 저희에게는 더 이상 포도주가 없습니다. 저희가 당신의 목소리를 듣고 당신께서 저희에게 시키시는 대로 저희가 할 수 있도록 도와주소서." 혹은 "주님, 저 부부에게는 더 이상 포도주가 없습니다. 저들의 사정을 굽어보시어 저들을 이끌어 주소서. 그리고 저희가 저 부부의 식탁에 더 좋은 무언가를 내줄 수 있다면, 저희에게 그것을 실천할 수 있는 힘을 주소서."

마리아가 중재할 수 있었던 것은 예수에 대한 굳은 믿음이 있었기 때문이다("무엇이든지 그가 시키는 대로 하여라"). 잔치의 상황을 제일 먼저 간파한 사람이 바로 마리아다. 이는 다른 이에 대해 자연스럽고 끊임없는 관심이 있기에 가능한 것이었다. 그런데 우리가 잘 알다시피 이와 반대되는 경우도 존재한다. 살다 보면 우리 자신에 대해 지나치게 집착한 나머지 다른 이의 절실한 속사정을 느끼지 못하게 되는 경우를 경험하게 된다. 이런 우리에게 마리아가 가르치고 있는 것이 바로 다른 이에 대한 관심 어린 시선과 하느님에 대한 신뢰다. 사실 하느님을 믿는 이라면 이 두 가지를 갖추어야 한다. 하느님께서는 우리의 궁핍한 현실과 고통을 굽어 살펴 주시고 이를 풍요로움과 기쁨으로 바꾸어 주시는 분이기 때문이다. 마찬가지로 교회 역시 중재의 기도를 통해 이러한 면모를 갖추어야 한다. 인류의 역사와 시대 안에 살고 있는 교회는 마리아처럼 겸허하면서도 주의 깊은 관심을 가지고 인류가 겪는 상황을 따뜻한 마음으로 함께 나누어야 한다. 교회는 인류의 삶과 매우 밀접하게 결합되어 있기 때문에 하느님께 진정성 있게 말하는 법을 알고 있어야 한다. (하느님 사랑을 관상하는 가운데) 하느님을 바라보고 (인류의 비참한 현실을 이해하고 연대하면서) 역사를 바라보아야 하는 것이 교회가 해야 할 일인 것이다.

    예수는 손님이었지만 이제 그 잔치의 주인이 된다. 모든 상황을 주도하여 잔치가 기쁘게 끝날 수 있게 하였기 때문이다. 이렇게 될 수 있었던 것은 부족한 것과 필요한 것이 무엇인지를 예수에게 토로한 마리아의 간청, 그리고 예수에게 순종하도록 일꾼들을 이끌어 준 마리아의 신뢰가 있었기 때문이다. 이 점에 비추어 우리 삶의 몇 가지에 대해서도 묵상할 수 있다. 우리 스스로 자신의 삶을 일구어 갈 수 있다고 생각한다면, 우리는 결국 위기에 부닥치게 된다. 그 어떤 포도주도 내놓을 수 없는 한계의 순간과 맞닥뜨리게 되는 것이다. 그러나 우리 자신이 얼마나 보잘것없는 존재인지를 깨달아 주님께 자신을 의탁하고 그분께서 우리를 이끄시도록 내어 맡긴다면("무엇이든지 그가 시키는 대로 하여라") 우리 삶에는 아무런 문제가 없게 될 것이다. 이러한 삶이야말로 더 이상 포도주가 떨어지지 않는 잔칫집이며(주님께서 함께 계시기에), 삶의 근본 이유인 하느님의 영광이 드러나는 터전이 된다. 그리고 그러한 삶에서는 온갖 수고를 겪게 되더라도 또다시 새로운 기쁨을 맛보게 된다. 요컨대 자력의 삶에서 전환하여 주님의 말씀을 듣고 이를 실천하는 삶, 그 말씀으로 양육되는 타력의 삶으로 나아가야 하는 것이다.

혼인 잔치의 상황, 혼인 잔치 이야기가 지닌 신학적 의미, 옛 구원 경륜과 새 구원 경륜의 대비는 차치하더라도 잔치에 포도주가 떨어졌다는 것은 완성을 향한 표징이 된다. 인간이 자기 자신을 위해 마련한 온갖 안정성은 어떤 면에서 볼 때 그만큼 결핍되었음을 뜻한다. 그러한 안정성만으로는 충분하지도 않을뿐더러, 사실은 그것이 그다지 필요한 것도 아니다. 영영 채워지지 않을 것만 같은 삶의 결핍을 이겨 내게 하는 것은 오로지 주님의 포도주뿐이다. 이러한 사실을 설득력 있게 전달하는 것이 바로 믿는 이들이 해야 할 일이다. 그런데 우리 스스로가 잘 알고 있듯이 우리는 종종 주님만이 그런 일을 할 수 있다는 사실을 잊은 채, 우리 자신이 훌륭한 그리스도인으로서 이 세상에 정의와 구원을 실현할 수 있다는 생각에 쉽게 사로잡히기도 한다. 그렇다면 어떻게 믿지 않는 이들에게 주님만이 그 모든 일을 하실 수 있다는 생각을 설득력 있게 전달할 수 있을까? 더구나 그 사람들이 이미 많은 풍요를 누리고 있는 나머지 정서에 있어서도, 문화와 예술에 있어서도, 자선 활동이나 다른 긍정적인 모든 가치에 있어서도 충분한 삶을 영위하고 있다면, 과연 그러한 설득이 가능하겠는가? 그리스도인 한 명의 훌륭한 삶을 통해서가 아니라, 우리 신앙인들 각자가 몸소 참 좋은 주님의 포도주에 맛 들이는 삶을 보여 주는 것만이 이러한 설득을 가능하게 하지 않을까? 그렇지 않다면 사람들에게 하나의 물음과 열망, 그리고 자기 삶의 근원에 대한 향수를 불러일으킬 수는 없을 것이다. 새 포도주의 맛이란 삶에서 자신을 내어 주고 용서하며 자기 이익을 추구하지 않는 사랑이기 때문이다(1코린 13,4-7).

지금까지 포도주에 대한 여러 의미를 살펴보았다. 포도주는 새 계약의 잔이며, 성령 안에서의 새로운 삶이다. 또한 그것은 복음이며 예수의 말씀이기도 하다. 성사론의 관점에서 보자면 좋은 포도주는 곧 성체성사의 성혈을 뜻할 수도 있다. 새 계약의 포도주는 모든 이를 살리기 위해 흘리는 피이며, 사랑으로 바쳐진 예수의 삶 자체이다. 그러기에 모든 이를 향한 하느님의 사랑이라는 이 선물을 통해 인간은 온갖 아픔에서 치유되고 구원을 얻는다.

이 포도주가 흘러나온 잔치가 성체성사의 식탁이다. 그곳에서 혼인이 이루어진다. 다시 말해 모든 사람이 그곳에서 주님과 친밀한 일치를 이루는 것이다. 그러기에 성체성사가 곧 잔치이다. 성체성사로 우리는 성령 안에서의 새로운 삶을 살 수 있다. 더 이상 부족함 없이 하느님께서 당신 피조물 안에 새겨 두신 선과 아름다움으로 충만한 그런 삶 말이다.

하나의 표징이 주어졌을 때 우리는 그것을 더 깊은 차원에서 바라보고 이해할 필요가 있다. 그렇지 않으면 그 표징은 그저 헛되이 사라지고 만다. 물이 포도주로 바뀐 카나의 표징은 주님의 영광을 드러냈다. 주님께서 진정 영광의 주님이시라면 세상의 악 앞에서 우리는 정녕 강한 희망을 간직해야 할 것이다. 세상의 악은 이미 패배하였기 때문이다. 그러므로 올바른 시선으로 표징을 바라보기 위해서는 고통과 죽음만이 드리워진 곳에서도 하느님의 현존을 인식할 수 있다는 새로운 마음을 가져야 한다. 우리는 세례성사를 통해 이미 그러한 마음을 받았다. 그렇지만 어쩌면 우리는 이 마음을 충분하게 잘 길러내지 못하였는지도 모른다. 그래서 안타깝게도 우리는, 오늘날 인류가 겪고 있는 비참한 현실 가운데 여전히 주님께서 현존하시고 당신 표징들을 실현하고 계신다는 사실을 바라보지 못하는 근시안적인 존재가 되고 있는지도 모른다. 카나의 혼인 잔치 이야기가 우리에게 이렇게 말하고 있다. 시대의 표징에 주의를 기울여라! 주님께서 우리의 삶에서 일으키시는 그 표징들을 바라보라! 그것들이 우리의 여정을 인도할 것이며, 우리의 삶을 다른 이들을 위한 희망의 표징으로 변화시켜 줄 것이다.

카를로 칸티니 부제

Diac. Carlo Cantini

요한 복음서에 나오는 믿음의 인물들

제4장

니코데모

너는 이것을 믿느냐?

니코데모는 예수를 만나겠다는 결심을 실행에 옮기면서
자기가 바리사이로서 지니고 있던 확신의 벽을 스스로 무너뜨린다.
이런 니코데모에게서 우리는 예수와의 만남을 통해
자신조차 예상치 못했던 전망을 향해 자기 자신을 개방하는
진정한 한 종교인의 모습을 보게 된다.

둘러보기

요한 복음서는 니코데모를 바리사이 가운데 한 사람이자 유다인들의 최고의회 의원이요, 이스라엘의 스승으로 소개한다. 그러므로 그는 예수 시대의 유다이즘을 가장 잘 대변하는 대표적인 사람이라 말할 수 있다. 따라서 예수가 바리사이이며 공적으로 유다이즘을 대표하는 인물과 나눈 대화는 그 두 사람이 속해 있던 두 공동체 사이의 차이를 잘 보여 준다고 할 수 있다. 두 공동체란, 예수를 메시아로 믿고 고백하던 히브리인들의 유다 공동체와 바리사이인들에 의해 지탱되던 또 다른 유다 공동체이다. 이것이 기원후 70년 예루살렘 성전이 파괴된 이후 살아남은 이스라엘 사람들이 지니고 있던 두 가지의 강력한 종교적 흐름이었을 것이다.

예수와 니코데모의 대화는 이 두 유다 공동체의 차이점을 두 가지 차원에서 극명하게 보여 준다. 하나는 '이스라엘의 지혜'이고, 다른 하나는 '행위와 그 행위로 이룬 업적에 대한 긍지와 자부심'이다. 모세 오경(Torah)의 지혜라고 일컬어지는 바리사이들의 지혜는 십자가의 지혜와 통합되어야만 하는 것이었고, 행위와 업적으로부터 오는 긍지와 자부심은 단순한 율법 준수에 앞서 믿음이 우선되어야 하는 것이었다. 니코데모는 바리사이들의 지혜와 율법 준수에 대한 자부심으로부터 대화를 시작한다. 반면, 예수는 영으로 다시 태어남, 세상을 구원하기 위해 파견된 하느님의 아들, 인간이 스스로 선택하고 머물 수 있는 어둠에 이르기까지 주제를 바꾸어 가며 대화를 이끈다. 이를 통해 예수는 자신에게 질문을 던지는 그 바리사이에게 새로운 이해의 지평을 열어 준다. 그것은 하느님 나라에 들어가기 위해서는 바리사이들의 지혜나 유다인들이 확신하고 있던 율법 준수가 필요한 것이 아니라, 오히려 위로부터 새롭게 태어나야 한다는 것이었다. 이 새로운 태어남은, 하느님의 사랑이 가장 결정적으로 드러난 사건, 곧 십자가에 달리신 예수를 믿는 사람들 안에서 영으로 말미암아 이루어지는 일이다. 이를 믿는 이는 누구나 빛으로 나아갈 것이고, 영원한 생명을 얻게 된다. 그러나 믿지 않는 이는 어둠 속에 머물게 된다.

3,2은 형식적으로나마 이 부분이 '표징의 책'에 속한다는 것을 정당화시켜 준다. "하느님께서 함께 계시지 않으면, 당신께서 일으키시는 그러한 표징들을 아무도 일으킬 수 없기 때문입니다"라고 말하고 있기 때문이다. 그러나 니코데모는 이러한 표징들만으로는 예수가 누구인지를 이해할 수가 없었다. 그에게 이러한 표징들은 예수가 하느님의 사람, 곧 하느님으로부터 오신 분이라는 것을 의미할 뿐이었다. 그러나 예수는 니코데모를 만나 대화를 나누면서, 하느님 아들로서의 영광이 가장 충만하게 드러나는 표징, 곧 십자가의 표징 앞으로 그를 데리고 갈 것이다.

예수와 니코데모의 대화는 이미 2,21-22부터 준비되고 있었다. "그분께서 성전이라고 하신 것은 당신 몸을 두고 하신 말씀이었다. 예수님께서 죽은 이들 가운데에서 되살아나신 뒤에야, 제자들은 예수님께서 이 말씀을 하신 것을 기억하고, 성경과 그분께서 이르신 말씀을 믿게 되었다." 제자들의 이 믿음은 2,23-25에 기술되어 있는 또 다른 형태의 믿음과 강한 대조를 이룬다. "많은 사람이 그분께서 일으키신 표징들을 보고 그분의 이름을 믿었다(다시 말해서, 사람들은 예수의 이름으로 이루어진 기적적인 치유의 힘을 보고 그분을 믿었던 것이다). 그러나 예수님께서는 그들을 신뢰하지 않으셨다. 그분께서 모든 사람을 다 알고 계셨기 때문이다." 여기에서 제자들의 믿음은 부활 사건 이후에 그들이 갖게 된 믿음을 일컫는다(예수를 스승으로 모시고 따르던 제자들의 믿음은 예수의 수난과 죽음으로 인해 충격에 휩싸인 채 산산이 부서져 버린다. 그러나 예수의 부활 사건으로 그들의 믿음은 다시 회복되며, 특히 성령을 받음으로써 그들은 마침내 예수가 말하고 행한 모든 것들을 기억하고 이해하게 된다). 반면, 사람들의 믿음은 부활 사건 이전에 지닌 믿음이다(이 믿음은 예수가 말과 행동에서 어떤 능력을 지닌 것으로, 다시 말해 예수는 하느님으로부터 파견 받아 이 세상에 왔기에 기적을 일으킬 수 있는 능력을 지녔다고 생각하는 이들의 믿음이다. 물론, 그들 역시 예수를 메시아로 또 이스라엘의 임금이 될 인물로 믿었을 수 있다. 그러나 이러한 그들의 믿음은 여전히 십자가 사건을 전혀 고려하지 않고 있는 믿음이다). 당연히 니코데모가 지녔던 믿음은 부활 사건 이전의 믿음이다. 그래서 예수는 그를 만나 이 이스라엘의 '연륜 있는' 스승을 십자가 사건의 역설로 초대하며 준비시킨다.

 3,31-36이 예수와 니코데모 사이의 놀라운 대화 내용을 다시 언급하고 있다는 것은 매우 분명해 보인다.[12] 그런데 이 부분

12_ 요한 복음서에서 예수와 니코데모의 만남과 대화는 3,1에서 시작해 21절에서 끝을 맺고 있는 것처럼 보인다. 22절부터 30절까지가 예수와 세례자 요한에 대한 전혀 다른 내용을 다루고 있기 때문이다. 그러나 31절부터 36절

에서는, 예수가 하는 모든 말이 세례자 요한의 입을 통해 들려온다. "하늘에서 오시는 분은 모든 것 위에 계신다." 예수는 위에서 내려온 분, 곧 하느님으로부터 파견되어 온 사람이다. 단순히 하느님의 사람이 아니라, 하느님으로부터 직접 파견된 분이기 때문에 "그분께서는 친히 보고 들으신 것을 증언하신다." 다시 말해, 그는 하늘에 속한 것들을 이야기한다. 그것들을 잘 알고 있기 때문이다. 뿐만 아니라, "하느님께서 보내신 분께서는 하느님의 말씀을 하신다." 그리고 "한량 없이 성령을 주시며," 당신을 믿는 사람이면 누구에게나 영원한 생명을 준다.

예수는 니코데모의 불완전한 믿음을 받아들이면서 동시에, 그 믿음이 빛으로 향하도록 이끈다. 이러한 예수의 가르침에 니코데모가 응답을 했는지, 또 했다면 어떻게 했는지 본문은 아무런 얘기를 하지 않는다. 요한 복음사가가 바로 이어지는 구절을 통해 세례자 요한의 입을 빌려 니코데모가 마땅히 했어야 할 응답을 대신 전하고 있는 것으로 볼 수도 있다. 세례자 요한이 '예수는 그리스도'이시며, 오시기로 되어 있는 '신랑'이라고 말하고 있기 때문이다(3,28-29 참조). 예수와 니코데모의 대화는 그 끝

까지 이어지는 예수의 말씀은 여전히 니코데모에게 하고 있는 말씀이라는 인상을 준다.

을 알려 주는 별다른 종결 형식 없이 21절에서 갑자기 끝이 난다. 그러나 예수의 말씀이 니코데모의 마음속에서 계속 활동하고 또 작용하고 있었음을 어렵지 않게 짐작할 수 있다. 실제로 우리는 요한 7장에서 예수를 옹호하려 애쓰는 니코데모를 만날 수 있다. 군중의 마음을 사로잡으며 그들의 환호와 동조를 얻기 시작한 예수에 대해 우려를 표하던 유다 지도자들이 그를 체포하기로 결정하는 가운데, "그들 가운데 한 사람으로 전에 예수님을 찾아왔던"(7,50) 니코데모 – 예수와 유다 지도자들 사이의 긴장 관계가 계속 커지고 있음을 요한 복음사가가 강조하고 있다는 사실에 주목하라! – 다음과 같이 말하며 예수를 변호하기 위해 노력하고 있는 것이다. "우리 율법에는 먼저 본인의 말을 들어 보고 또 그가 하는 일을 알아보고 난 뒤에야, 그 사람을 심판하게 되어 있지 않습니까?"(7,51) 그러자 그들은 니코데모에게 다음과 같이 대답한다. "성경을 연구해 보시오. 갈릴래아에서는 예언자가 나지 않소"(7,52). 이는 '성경을 연구해 보시오. 그러면 당신도 갈릴래아에서 온 저 사람을 사기꾼으로 판단해 낼 수 있을 것이오'라는 말이다. 그러나 그들의 대답과는 달리 성경 말씀은 실제로 예수에 관한 이야기를 하고 있었다. 니코데모는 이러한 성경 해석의 열쇠를 아직 이해할 수 없었지만, 그럼에도 그가 자신이 속해 있던 유다 지도자들과는 이미 다른 생각을 하고 있다는 것이 여기에서 분명히 드러난다.

그리고 우리는 요한 19장의 마지막 부분, 곧 예수의 시신을 묻는 장면에서 세 번째로 등장하는 니코데모를 다시 만나게 된다. "예수님의 제자였지만 유다인들이 두려워 그 사실을 숨기고 있었던"(19,38) 아리마태아 출신 요셉과 "언젠가 밤에 예수님을 찾아왔던"(19,39) 니코데모는 총독이었던 빌라도에게 가서 예수의 시신을 묻을 수 있게 해달라고 청한다. 이제 이 두 사람은 정치 통치자(빌라도) 앞에서, 그리고 자신과 같은 종교와 믿음을 가진 사람들(유다인들) 앞에서 자신을 공공연히 드러내며 행동하기 시작한다. 그들은 그 행동을 통해 빛으로 나아간다. 예수는 니코데모에게 다음과 같이 말한 적이 있었다. "진리를 실천하는 이는 빛으로 나아간다"(3,21). 유다인들의 지도자들 가운데 이 두 사람은 이렇게 예수의 시신을 무덤에 안장하며 예수가 생전에 약속했던 자신의 사명, 곧 모든 사람을 자신에게로 이끄는 그의 사명이 이미 실현되기 시작했음을 보여 준다. "나는 땅에서 들어 올려지면 모든 사람을 나에게 이끌어 들일 것이다"(12,32). 이러한 두 사람의 행동은 또한 그들이 예수라는 인물과 나누었던 사랑의 친밀한 관계를 잘 표현해 주고 있다.

카나의 혼인 잔치와 성전 정화 사건에 이어 우리는 여기에서 구원에 관한 옛 경륜과 새 경륜의 세 번째 대조를 발견하게 된다. 한편에는 이스라엘의 지혜가 있고, 다른 한편에는 예수가 니코데모에게 가르쳐 주었던 계시가 있다. 그 계시가 바로 니코데모에게 삼위일체 하느님의 업적을 보여 주고 있으며, 영으로 말미암아 위로부터 다시 태어나야 함을 일깨워 주고 있다. 뿐만 아니라, 하느님의 아들이 세상의 구원을 위해 파견되었다는 것과 세상 구원의 역사가 처음부터 하느님의 사랑에서 출발하고 있음도 함께 일깨워 주고 있다.

구절 풀이

3,1-2

니코데모는 유다인들과 바리사이들의 눈에 띄지 않기 위해 밤에 예수를 찾아간다. '밤'은 또한 아직 예수를 온전히 믿지 못하고 있는 그의 불신앙 상태를 표현한다. "사람이 낮에 걸어 다니면 이 세상의 빛을 보므로 어디에 걸려 넘어지지 않는다. 그러나 밤에 걸어 다니면 그 사람 안에 빛이 없으므로 걸려 넘어진다"(11,9-10). 그러나 니코데모가 가지고 있던 믿음의 상태는 '칠흑 같은 밤'이 아니라, '찾고 연구하는' 단계라 말할 수 있다. 그는 예수에게 와서 복수 형태로 이야기를 시작한다("저희는 … 알고 있습니다"). 그가 12,42-43[13]에 언급된 일련의 한 집단의 목소리를 전해 주고 있기 때문이다. 그들은 유다인의 지도자로서 예수를 믿고 있기는 했지만, 회당에서 내쫓기는 일로 신변이 위태롭게 되는 것이 두려워 드러내놓고 자신의 믿음을 고백하지 못하던 이들이었다.

니코데모는 예수를 "스승님"이라고 부른다. 그리고 예수 역시 니코데모를 "이스라엘의 스승"(3,10)이라 부른다. 그러나 예수는 니코데모가 먼저 요구한 이 만남과, 그 만남에서 이어지게 될 대화를 통해 그에게 하느님에 관한 예수 자신의 지혜가 어디에서부터 오는지를 깨닫게 해 줄 것이다. 그것은 라삐들이나 권위 있는 스승에게서 받은 교육으로부터 오는 것이 아니라, 자신이 하늘로부터 왔다는 사실에서 기인하는 것이었다.

예수가 이루어 내는 표징들은 하느님 편에서 부여 주는 신원증명서 같은 것이었다. 다시 말해 예수는 하느님의 사람이었다. 물론 이러한 표징들이 예수라는 인물이 지닌 신비를 다 보

13_ "사실 지도자들 가운데에서도 많은 사람이 예수님을 믿었지만, 바리사이들 때문에 회당에서 내쫓길까 두려워 그것을 고백하지 못하였다. 그들이 하느님에게서 받는 영광보다 사람에게서 받는 영광을 더 사랑하였기 때문이다."

여 주기에 그리 적절한 방법이라고는 말할 수 없다. 그럼에도 불구하고 이 표징들이 예수를 이해하기 위한 시작점이 될 수는 있을 것이다. 표징만으로 예수를 충분히 이해할 수 있다고 말할 수는 없지만, 그렇다고 해서 표징들이 예수가 누구인지를 이해하는 데 전혀 도움이 되지 않는다고 할 수도 없다는 말이다. 사실 표징들은 예수가 지닌 영광을, 즉 "세상 창조 이전부터 아버지께서 저를 사랑하시어 저에게 주신"(17,24) 그 영광을 보여 줄 뿐이다. 또한 그가 바로 하느님의 말씀임을 그리고 "말씀은 하느님이셨다. … 모든 것이 그분을 통하여 생겨났"(1,1-3)다는 것을 보여 준다. 더불어 그가 바로 "모든 사람을 비추는 참빛"(1,9)임을, 그가 지닌 영광이 "은총과 진리가 충만하신 아버지의 외아드님으로서 지니신 영광"(1,14)임을 보여 준다. 뿐만 아니라, "율법은 모세를 통하여 주어졌지만", "은총과 진리"는 바로 예수 그리스도를 통하여 이 세상에 왔으며(1,17), 하느님의 선하신 능력과 그분에 대한 이해 또한 예수를 통해서 이 세상의 역사 안으로 들어왔음을, 그리고 '하느님이시고, 아버지의 품 안에 계시던 그분의 외아들이시며 하느님을 이 세상에 알려 주신 분'(1,18) 역시 바로 예수임을 드러내 보여 준다. 그러나 니코데모는 아직 이 모든 영광에 대해 전혀 알지 못하고 있다.

3,3-5

니코데모는 실제로 그 어떤 질문도 예수에게 던지지 않는다. 그러나 예수는 그에게 대답하고 있다. 예수는 니코데모가 직접 표현하지는 않았지만, 그의 말 속에 감춰져 있는 질문들, 곧 그가 가지고 있던 진리에 대한 요구에 응답하고 있다. 그런데 이 진리는 다음과 같은 완전히 새로운 전제를 필요로 하는 것이었다. 곧 예수는 '증명되고 인정받은' 스승이 아니라 하느님의 아들이라는 사실과, 하느님은 '그와 함께' 계시는 분이 아니라 '그 안에' 존재하시는 분이라는 사실이 전제되어야만 하는 것이다. 예수는 자기에게 질문을 던지며 찾아온 이를 이끌어 주기 위해 당시의 신학적 성찰에서 활발히 논의되고 있던 문제점, 곧 영원한 생명을 어떻게 얻을 수 있는지에 관한 문제로부터 대화를 시작해 나간다. 이 문제에 대해 바리사이들은 이미 자기들만의 분명한 답변을 가지고 있었다. 율법 준수를 통해 영원한 생명을 얻을 수 있다는 것이 그들이 가지고 있던 답이었다. 그러나 예수는 그들의 답변과 대립되는 전혀 새로운 답변을 제시한다. 하느님 나라에 들어가기 위해서는 율법 학자들과 바리사이들이 말하는 지식이나 율법의 준수가 필요한 것이 아니라, 오히려 위로부터 새롭게 태어나야 한다는 것이다. 따라서 니코데모는 바리사이로서 가지고 있던 자신의 모든 사고의 틀을 벗어 버리고, 예수의 말과 가르침이 자신을 비추고 깨닫게 해 줄 수 있도록 온전히 자기 자신을 내맡겨야만 한다.

요한 복음서 전체에서 바로 여기에만 '하느님 나라'라는 말이 사용되고 있다 – 공관복음서에서는 이 말이 자주 사용된다 – 게다가 이 개념이 예수라는 한 인물과 직접적 관련성을 지닌 채 사용되고 있다. 따라서 하느님의 나라를 보는 것은 곧 예수를 보는 것이다. 예수가 지니고 있는 신비를 이해하는 것이 바로 하느님의 나라를 보고 체험하는 것이 된다는 뜻이다. 예수가 자신의 말 중에 사용한 '아노텐'(ἄνωθεν)이라는 부사는 '위로부터'라는 뜻과 함께 '다시', '새롭게'라는 뜻도 지니고 있다. 이 때문에 니코데모는 이를 오해하여 다음과 같은 질문을 던진다. "이미 늙은 사람이 어떻게 또 태어날 수 있겠습니까? 어머니 배 속에 다시 들어갔다가 태어날 수야 없지 않습니까?" 생명은 생물학적으로 오직 한 방향을 향해 달려갈 뿐이다. 발전과 성장의 방향, 그러나 이는 결국 죽음을 향해 나아가는 방향일 수밖에 없다. 그러나 하느님의 영은 인간의 마음속에 들어가 그를 새롭게 다시 태어나게 할 수 있다. 이 세상을 생명으로 풍요롭게 하기 위해 창조의 첫 순간에 하느님의 영이 물 위를 감돌고 있었고, 마침내 그 물이 온갖 살아 있는 생물로 가득 차기 시작한 것처럼,

이제 그 하느님의 영이 새로운 창조물을, 하느님의 생명을 품고 있는 전혀 새로운 창조물을 만들어 내신다. 또한 "물과 성령으로"라는 표현은 공동체 안에서 이루어지는 성사적 체험을 가리킨다. 하느님의 영, 곧 성령이 세례의 물을 통해 주어지기 때문이다.

3,6-8

'육(肉)'은 인간의 본질로서, 인간이 지닌 객관적 한계라고 정의내릴 수 있다. 따라서 '육'의 영역에서는 새로 태어나는 것이 절대로 불가능하다. 오직 죽음을 향해 가는 성장의 연속이 있을 뿐이기 때문이다. 인간(육)과 하느님(영) 사이에 존재하는 이 깊은 심연은 결코 극복될 수 없는 것이다. 바리사이들이 말하던 지식이나, 율법 준수라는 행위로 이루어지는 업적들도 이 깊은 심연을 채워 줄 수는 없다. 오직 하느님만이 이를 변화시킬 수 있으며, 인간 안에 신적 생명의 씨앗을 심어 주실 수 있다. 바로 여기에 세례가 지닌 모든 신학이 자리 잡고 있다. 요한 복음사가는 복음서 머리글에서 이 새로운 생명에 대해 이미 언급했다. 육이 되어 이 세상에 오신 말씀을 신앙으로 받아들이고 따르는 모든 이는 하느님에게서 태어난 하느님의 아들이 된다(1,12-13). 요한이 자신의 머리글에서 "하느님에게서 난 사람들"(1,13)이라고 말한 이들을, 예수는 여기에서 "영에서 태어난 이"라고 표현한다. 육은 영에 의해 거룩하게 되고, 다시 생명력을 얻을 수 있으며, 이를 통해 하느님의 생명에 적합한 것이 될 수 있다. "놀라지 마라." 하느님에게 불가능한 일은 없다. 위로부터 새롭게 다시 태어나는 일은 하느님께서 이루시는 일이며, 피조물이 할 수 있는 모든 활동을 훨씬 뛰어 넘는 일이다.

'프네우마'(πνεῦμα)라는 그리스어는 '바람'을 뜻하기도 하고 '영'을 의미하기도 한다. 바로 이것이 요한이 지금부터 하게 될 비유의 의미를 잘 설명해 준다. 바람은 그 소리를 들을 수 있고, 그 바람이 일으킨 일들 또한 볼 수 있다. 그러나 정작 그 바람을 직접 볼 수는 없다. 게다가 그 바람이 어디에서 와 어디로 가는지도 알 수 없다. 바람이 그렇듯, 영의 신비한 활동도 이와 마찬가지다. 인간을 새롭게 다시 태어나게 하지만, 그러한 활동 중에 그 영을 알아챌 수도 없고, 그 영이 자신의 계획에 따라 지나간 흔적조차 우리는 발견할 수가 없다. 우리는 오직 믿는 이들의 마음속에서 활동하시는 그 영의 결과만을 볼 수 있을 뿐이다. 서로 사랑하는 사람들을 보며, 우리는 영이 그들 안에 활동하신다는 것을 깨닫게 될 뿐이다. 이처럼 영은 강력하면서도 효과적이며 동시에 예측할 수 없고, 그 어떤 것에도 구속되지 않은 채 자유롭다. 영으로부터 새롭게 난 모든 사람도 이와 마찬가지다. 그러므로 영의 활동으로 이루어진 그리스도인 공동체는 얼마나 아름다운 모습인가? 그 공동체는 언제나 열려 있으며, 그 안에는 한계와 제한, 배타와 포용의 기준에 대한 걱정이 존재하지 않는다. 모두가 쉽게 도달할 수 있으며 또한 모두가 모두를 사랑하는 공동체가 될 것이다. 예수 시대에 사람들은 적어도 바람에 대해 "어디에서 불어와 어디로 가는지 알 수 없다"고 말할 수 있었다. 그러나 영에 대해서는 다르게 말할 수 있다. 그 영이 하느님에게서 왔으며 또 하느님에게로 우리를 인도하기 때문이다. 우리는 단지 영의 활동이 가져올 풍요로움을 가늠할 수 없을 뿐이며, 모든 사람들을 하느님에게로 이끌기 위해 영이 사용하는 수단과 방법을 모를 뿐이다.

3,9-11

니코데모는 "그런 일이 어떻게 이루어질 수 있습니까?"라고 되묻는다. 이 두 번째 반론[14]은 조금 어리석어 보이기까지 한다. 예수는 이 반론에 즉시 그를 나무라며 이렇게 말한다. "너는 이스라엘의 스승이면서 그런 것도 모르느냐?"

인간이 영적으로 새롭게 태어난다는 것은 사람들이 메시아 시대에 이루어질 것이라며 고대하고 있던 하나의 현실이었다. "너희에게 정결한 물을 뿌려, 너희를 정결하게 하겠다. … 너희에게 새 마음을 주고 너희 안에 새 영을 넣어 주겠다. … 나는 또 너희 안에 내 영을 넣어 주어, 너희가 나의 규정들을 따르고 나의 법규들을 준수하여 지키게 하겠다"(에제 36,25-27).

이스라엘의 스승인 니코데모는 이것을 이미 잘 알고 있었음이 분명하다. 니코데모는 이스라엘의 지혜로운 스승이었지만, 그럼에도 불구하고 마치 예수의 충실한 제자인 양 그분의 놀라운 말씀을 경청하고자 했을 것이다. 예수야말로 위에 언급한 에

---

[14] 니코데모의 첫 번째 반론은 앞서 살펴본 3,4에 있다: "이미 늙은 사람이 어떻게 또 태어날 수 있겠습니까? 어머니 배 속에 다시 들어갔다가 태어날 수야 없지 않습니까?"

제키엘 예언자의 예언에 대해 "오늘 이 성경 말씀이 너희가 듣는 가운데에서 이루어졌다"(루카 4,21)고 말할 수 있는 유일하고 참된 스승이었기 때문이다.

흥미로운 사실은 예수가 모두 세 번에 걸쳐 니코데모의 질문에 응답하면서 항상 '아멘 아멘'(ἀμὴν ἀμήν, 진실로 진실로)이라는 중복 문구를 사용한다는 것이다. 이 중복 문구는 언제나 특별한 권위를 지닌 중요한 가르침이 시작될 때 나온다.

"우리는 우리가 아는 것을 말하고 본 것을 증언한다. 그러나 너희는 우리의 증언을 받아들이지 않는다." 여기에서 '우리'와 '너희'는 '그리스도인 공동체'와 '바리사이인들의 유다 공동체'를 가리킨다. 따라서 예수가 아는 것은 곧 그리스도인 공동체가 아는 것이 된다. 마찬가지로 하늘의 일에 관한 예수의 증언은 그리스도인 공동체의 증언이 된다. 이 둘 사이에 차이점이 없다는 것이다. 예수는 자신이 살았던 역사적 시간 이후에 자신의 공동체, 곧 그리스도인 공동체를 통해서 말을 건넨다. 그의 공동체가 말하는 것이 곧 그의 말이 된다는 것이다. 이렇게 예수를 믿고 따르는 이들에게는 주님이신 그를 대리하고 대행해야 한다는 엄청난 책임감이 주어졌다. 반면, 예수가 1인칭 시점으로 말할 때는 자신이 아버지 곁에서 본 것을 이야기한다. 곧 아버지께서 하신 말씀들을 이야기하고 그분의 일들이 어떻게 완성되는지를 말하는 것이다. 따라서 이 순간 예수는 아버지 하느님을 반영하는 형상이 된다. 어쨌든, 예수가 스스로 말하던 때에도 또 그리스도인 공동체가 그에 대해 증언하던 때에도 나자렛 사람 예수가 바로 메시아임을 알아보고 인정하길 거부하던 유다인들의 저항이 있었다. 그리고 요한 복음사가는 그들의 이러한 저항과 두 세력 사이의 대립을 묘사하고 있다(5,39-40.46-47). 요한은 이미 자신의 복음서 머리말에서 이 저항을 언급했다. "그분께서 당신 땅에 오셨지만 그분의 백성은 그분을 맞아들이지 않았다"(1,11). 그리고 바로 이것이 복음이 전해지는 모든 세대에 존재하게 될 하나의 현실이 된다. 그와 그의 복음을 받아들이는 이가 있는가 하면, 받아들이지 않는 이 또한 있을 것이라는 말이다. 따라서 여기에서 니코데모를 포함하는 '너희'는 예수를 받아들이지 못하고 예수에게 대항하는 유다이즘을 상징한다. 바리사이들에게는 예수를 받아들일 수 없었던 특별한 이유가 있었는데, 그것은 율법을 준수하는 행위를 통해서만 구원받을 수 있다는 그들의 강한 신념이었다. 그 신념 때문에 믿음을 통해 구원된다는 사실을 받아들이기가 어려웠다.

3,12-15

"내가 세상일을 말하여도 너희가 믿지 않는데, 하물며 하늘 일을 말하면 어찌 믿겠느냐?" 예수는 여기에서 지혜 9,16-17의 가르침을 되풀이한다. "저희는 세상 것도 거의 짐작하지 못하고 손에 닿는 것조차 거의 찾아내지 못하는데 하늘의 것을 밝혀낸 자 어디 있겠습니까? 당신께서 지혜를 주지 않으시고 그 높은 곳에서 당신의 거룩한 영을 보내지 않으시면 누가 당신의 뜻을 깨달을 수 있겠습니까?" 예수는 이 지혜서의 말씀을 성취한다. 그가 바로 그 지혜를 가진 자이고, 하느님의 거룩한 영을 받은 자이기 때문이다.

"세상일"과 "하늘 일"이라는 표현에 대해서는 서로 다른 설명들이 존재하는데, 그중 하나는 다음과 같다. 예수는 구약성경의 말씀을 자신에게 적용한다. 구약성경이 예수에 관한 이야기를 하고 있다고 해서 문제될 것은 없다. 그러나 여기에서 예수는 조금 다른 이야기를 한다. 구약에서 말하고 있는 화자話者가 바로 예수 자신이라는 것이다. 그렇다면, 니코데모의 믿음은, 곧 모세의 법 안에서 그가 지니고 있던 믿음은 예수가 바로 이 순간에 하고 있는 이야기와 온전히 부합하는 가르침에서 온 셈이 된다. 하늘로부터 오는 이러한 가르침은 "세상일"이라고 정의될 수 있을 만큼 이스라엘 백성의 삶에 이미 깊이 침투되어 있던 것이었다. 그런데 바로 이러한 가르침과 그 가르침에서 오는 지혜조차 백성을 이 세상에 오신 주님에게로 이끌어 주지 못한다면(5,46-47 참조),[15] 이제 예수가 아버지와 그 아버지의 사랑, 그리고 온 세상을 구원하고자 하시는 그분의 계획, 더 나아가 성령의 활동과 버림받고 십자가에 못 박히게 될 메시아에 관해서 이야기를 시작하려는 이 순간에는 얼마나 깊은 몰이해의 심연이 열리게 될 것이란 말인가?

"하늘에서 내려온 이, 곧 사람의 아들 말고는 하늘로 올라간 이가 없다." 사람의 아들은 하늘에서 내려왔으며, 따라서 하늘의 일들에 관해 합법적으로 말할 수 있다. 어느 누구도 그와 같을 수 없으며, 그가 보여 주는 하느님에 관한 계시만큼 직접적이고 충만한 것은 있을 수 없다. 만일 그가 하늘에서 내려왔다면, 이는 그가 곧 하느님 곁에 있었다는 것을 의미한다. 그런데 니코데모는 예수를 만난 순간 다음과 같이 말한다. "스승님, 저희는 스승님이 하느님에게서 오신 스승이심을 알고 있습니다"(3,2). 의식하지도 못한 채, 그는 이러한 심오한 진리를 말하

15_ "너희가 모세를 믿었더라면 나를 믿었을 것이다. 그가 나에 관하여 성경에 기록하였기 때문이다. 그런데 너희가 그의 글을 믿지 않는다면 나의 말을 어떻게 믿겠느냐?"

고 있는 것이다. 이제 예수는 니코데모에게 하느님의 계획에 관한 전망을 보여 준다. 예수가 열어 줄 이 전망은 이스라엘의 가난한 한 스승을 혼란스럽게 만들 수도 있겠지만, 실제로는 예수 자신에 대한 신비 속으로 그를 이끌게 될 것이다.

"모세가 광야에서 뱀을 들어 올린 것처럼, 사람의 아들도 들어 올려져야 한다. 믿는 사람은 누구나 사람의 아들 안에서 영원한 생명을 얻게 하려는 것이다." 요한 복음사가는 사람의 아들이 하늘에서 내려온 사건(육화 사건)을 그의 들어 올려진 사건(십자가 사건)에 결합시킨다. 십자가 나무 위에 들어 올려짐으로써, 그리고 그 안에서 이루어진 죽음으로써, 예수가 하느님에게 올라가는 일이 실현된다. 더 나아가 그 안에서 그를 믿는 모든 이의 들어 올려짐, 곧 영원한 생명에로 올라가는 길 또한 성취되고 있다. '… 해야 한다'[16]는 말은 언제나 하느님의 뜻이 완성되어야 함을 가리킨다. 따라서 사람의 아들이 들어 올려지는 것은 하느님의 뜻에 의해 이루어진 일이 된다. 그러므로 십자가 사건은 결코 우연히 이루어진 일이 될 수 없다. 이미 구약성경에서, 다시 말해 모세에 의해 들어 올려진 구리 뱀(민수 21장)에

---

[16] '… 해야 한다'는 뜻을 지닌 단어 δεῖ가 "사람의 아들도 들어 올려져야 한다"(3,14)는 말에 사용되고 있다.

서 우리는 십자가에 달린 이의 모습을 발견할 수 있다. 당시 이스라엘 백성은 광야에서 불 뱀에 물려 죽어 가고 있었다. 그것은 하느님에 대한 그들의 불신이 구체화된 결과였다. 하느님께서는 바로 이런 백성을 살리기 위해 모세에게 구리 뱀을 만들어 기둥 위에 매달아 놓으라고 명령하신다. 치명적인 독을 지닌 뱀에 물린 사람이 생명의 주인이신 하느님에 대한 믿음을 가지고 그 구리 뱀을 바라보면 누구든지 살아날 수 있었다. 이를 지혜 16,10-12[17]은 '모든 것을, 모든 사람을 고쳐 주시는' 하느님의 말씀으로 그들이 낫게 되었다고 해석한다. 죄(세상의 죄, 모든 사람의 온갖 죄)의 육신이 십자가에 못 박히고, 죽음에로 건네져 들어 올려졌지만, 그것은 또한 인간을 위한 하느님의 사랑을 보여 주는 사건이었다.

이러한 믿음의 눈으로 십자가를 바라보는 사람은 누구나 예수 안에서, 다시 말해 예수와의 밀접한 관계성 안에서 영원한

---

[17] "그러나 독사의 이빨도 당신의 자녀들은 꺾지 못하였으니 당신의 자비가 도우러 내려와 그들을 고쳐 주었기 때문입니다. 당신의 말씀을 기억하라고 그들은 이빨에 물렸다가 곧바로 구원되었습니다. 깊은 망각에 빠지지 말고 당신의 선행을 늘 염두에 두라는 것이었습니다. 그들을 낫게 해 준 것은 약초나 연고가 아닙니다. 주님, 그것은 모든 사람을 고쳐 주는 당신의 말씀입니다."

생명을 얻게 된다. 예수와 함께, 예수 안에서 죄에 죽은 이들은 성령이 주시는 새로운 생명으로 또한 부활한 자들이다. 죽음을 가져오던 불 뱀은 이제 생명의 상징이 된다. 십자가에 달린 이(나무에 매달린 저주받은 자)가 하늘로부터 오는 온갖 축복의 상징이 된 것처럼 말이다. 요한 복음서는 3,14과 8,28 그리고 12,32-34에서 세 차례에 걸쳐 이 '들어 올려짐'(ὑψόω)에 대해 이야기한다. 그리고 이 세 번의 언급은, 역시 세 차례에 걸쳐 이루어지는 수난과 죽음에 관한 예수의 언급과 서로 대응을 이룬다. 세상을 향한 아버지의 사랑이 바로 이 '들어 올려짐'의 원인이었다. 예수의 죽음은 아버지의 이 같은 사랑 때문에 이루어진 일이었다. 따라서 들어 올려짐은 또한 아들과 그 아들 안에 있는 세상이 아버지 하느님에게로 가까이 다가가는 사랑의 표현이 된다. 십자가에 높이 들어 올려진 하느님의 아들을 믿는 이는 누구나 영원한 생명을 얻는다. 그가 하느님의 이 삼위일체적 사랑의 관계 안에 이미 들어가 있기 때문이다. 이 새로운 생명과 유다인들이 추구하던 지혜와 바리사이들이 요구하던 율법 준수 사이에는 결코 채워질 수 없는 심연이 존재한다. 십자가에 들어 올려진 하느님의 아들에 대한 믿음만이 오로지 이 육과 영 사이의 심연을 채울 수 있다.

3,16-18

"하느님께서는 세상을 너무나 사랑하신 나머지 외아들을 내주시었다." 이는 다름 아닌 하느님의 사랑을 표현하고 있는 찬가이다. 하느님은 세상이 멸망하길 원하시는 분이 절대로 아니다. 오히려 그분의 유일한 목적은 세상을 구원하는 일이다. 이러한 하느님의 사랑이 그분의 모든 구원 계획의 기원이며, 예수의 모든 삶은 세상을 향한 하느님의 이 '사랑'이라는 의도에 완벽하게 일치한다. 요한 복음서에서 세상은 긍정적인 면에서 구원과 해방을 필요로 하는 인류이다. 믿는 이는 심판을 받지 않는다. 이미 하느님의 나라로 건너가 있기 때문이다. 그러나 믿지 않는 이는 여전히 하느님 나라 입구 저편에, 곧 '예수'라는 문 반대편에 머물러 있는 자가 된다. 그 자신이 스스로 예수를 통해 이루어지는 화해를 받아들이지 않기 때문이다. 심판하는 이는 하느님이 아니다. 오히려 예수를 믿고 신뢰하느냐 그렇지 않으냐에 따라 하느님과의 관계를 결정하는 사람 자신이 스스로를 심판하는 것이다. 예수가 곧 하느님 편에서 그분의 구원 계획을 효과적으로 성취하기 위해 온 분이기 때문이다. 이제 신명 30,15이 여기에서 완벽하게 실현된다. "보아라, 내가 오늘 너희 앞에 생명과 행복, 죽음과 불행을 내놓는다."

3,19-21

빛이 이 세상에 왔다. 그리고 이로 말미암아 심판이 이루어진다. 왜냐하면, 사람들이 그 빛을 사랑하고, 그 빛으로 가까이 다가가 그 빛이 자신을 비추도록 스스로를 내맡길 수도 있지만(옛날에는 바로 이 표현으로 세례를 정의하곤 했다), 다른 한편으론 그 빛을 미워하고 증오하며 어둠 속에 머무를 수도 있기 때문이다(여기에서 어둠은 하느님이 아닌 스스로의 힘으로 구원을 이룰 수 있다고 믿는 세상을 의미한다). 진리를 실천하는 이는 빛으로 나아간다. 그러나 악을 저지르는 이는 어둠 속에 머문다. 이는 '선을 행하는 이'와 '악을 행하는 이'를 의미하는 것이 아니라, 오히려 '진리를 찾은 이', 곧 하느님의 신비에 자신을 개방한 채 진리를 기다리는 이와 '거짓 속에 머무는 이'(거짓 속에 머물기에 하느님의 계시를 절대 이해할 수 없다), 곧 위로부터 오는 구원을 기다리지도, 그것을 추구하지도 않는 이, 따라서 예수 안에서 이루어지는 계시의 충만함을 보지 못하는 이를 가리킨다. 실제로 요한 복음서에서 좋고 선한 일은 믿음과 일치한다. 따라서 하느님으로부터 오는 구원을 갈망하고 찾는 이는 빛으로 나아가며, 하느님의 계시(창조와 첫 번째 계약에서 이루어진 하느님의 계시)에 근본적으로 자신을 내맡기는 이 역시 위로부터 오는 하느님의 개입과 중재를 열린 자세로 기다린다. 하느님의 진리와 그분의 사랑을 알아보는 것, 그리고 구원을 절대적으로 필요로 하는 우리의 절망적인 상태를 제대로 이해하는 것, 바로 그것이 빛으로 우리를 인도해 주는 좋고 선한 일이 된다. 그 빛이, 세상 속에 살아가는 우리의 삶이 언제나 하느님을 향하고 있으며 그분과의 일치 안에서 그리고 그분의 뜻 안에서 이루어지고 있음을 깨우쳐 줄 것이다.

삶 속에서 되새기기

이 본문에서 우리는 서로 다른 대립 개념을 많이 만나게 된다. 빛과 어둠, 하늘과 땅, 영과 육, 구원과 심판. 이 모든 것은 요한 복음사가가 영적인 현실을 분명하게 정의 내리기 위해 사용하는 방식이다. 하느님에게 속하거나 이 세상에 속하거나, 둘 중에 하나일 수밖에 없다는 것이다. 이는 우리의 삶에서 매일매일 이루어지는 기본적인 선택의 순간들에도 그대로 적용된다. 거기에 중립적인 선택이란 있을 수 없다. 자신을 내어 주는 사랑을 실천하는 사람이거나, 자신을 향한 사랑에 사로잡힌 사람이거나 둘 중 하나일 수

밖에 없다. 이 두 가지 사랑의 형태가 끊임없이 우리가 생각하고 느끼고 원하고 행동하는 모든 방식에 영향을 준다는 것을 우리는 늘 경험하며 살아간다. 그리고 이러한 상황을 해결하고, 그 안에서 옳고 좋은 것을 이해하고 가려내고 선택하기 위해서는 반드시 하느님으로부터 오는 빛이 필요하다는 사실 또한 우리는 잘 알고 있다. 예수가 바로 그 빛이다. 예수가 하느님의 영광을 간직하고 있으며, 아버지 하느님의 계시이기 때문이고, 나아가 예수가 바로 인간이 지닌 조건과 운명에 빛을 비추어 줄 수 있는 분이기 때문이다.

니코데모는 밤에 예수를 찾아가 그의 가르침에 자신을 내어 맡김으로써 예수의 제자가 될 수 있었다(19장 이야기를 보면 이렇게 이해할 수 있다). 빛은 바로 이것을 위해 세상에 왔다. 이 세상이 어둠에서 벗어나 하느님을 향해 나아가도록 비추어 주기 위해 온 것이다. 여기에서 우리는 빛과 진리와 인간의 행동 사이에 존재하는 연결 고리를 발견할 수 있다. 빛은 하느님과 인간에 대한 진리를 비추어 주고, 인간의 의지와 양심 안에 존재하는 어둠의 세력을 없애 준다. 그리고 인간은 오직 이 빛의 능력을 통해 정화되고 자각함으로써 하느님 뜻에 따라 행동할 수 있게 된다. 따라서 빛으로 나아간다는 것은 그 빛이 우리 마음속에 존재하는 모든 모호함을 드러내 비추고, 바로잡을 수 있도록 자신을 내맡기는 것을 의미한다. 그것은 또한 우리가 지닌 가련함과 나약함을 인정하고, 하느님만이 우리의 구원이심을 받아들이는 겸손을 의미한다(시편 70,6).

이런 면에서 니코데모는 매우 흥미로운 인물이다. 그는 예수가 누구인지 알기 위해 예수를 찾아간다. 그는 바리사이 가운데 한 사람이었고, 복음서들은 대개 이 바리사이들을 자기 확신에 가득 찬 완고한 사람들, 그래서 다른 의견이나 생각을 전혀 받아들이지 않는 이들로 표현한다. 그런데 니코데모는 예수를 만나겠다는 결심을 실행에 옮기면서 자기가 바리사이로서 지니고 있던 확신의 벽을 스스로 무너뜨린다. 이런 니코데모에게서 우리는 예수와의 만남을 통해 자신조차 예상치 못했던 전망을 향해 자기 자신을 개방하는 진정한 한 종교인의 모습을 보게 된다. 니코데모에게서 우리 역시 주님에게로 자주 나아가는 법을, 그분과 함께 머무는 법을 배워야만 한다. 주님께 다가가고 그분과 함께 머물면서 우리는 생각하고 느끼는 방식들을 진단하고 조정할 수 있으며, 영적으로 멈춰 있는 우리의 병든 상태를 고칠 수도 있고, 하느님 마음을 아는 지식과 그분을 향한 사랑 안에서 우리 자신을 계속 성장시킬 수도 있기 때문이다.

'밤'은 하느님 말씀을 공부하고 연구하기에 매우 적절한 시간으로 여겨졌다. 밤에 예수를 찾아간 니코데모 역시 하느님의 말씀을 잘 알고 있고 또 예수의 말씀을 더 잘 이해하길 원했던 지혜로운 유다인 중 한 사람이었다. 이렇게 구약의 하느님 말씀과 신약의 예수님 말씀이 함께 하느님과 인간에 대한 이해의 빛을 충만히 비출 것이다. 하느님 말씀을 매일 접함으로써 우리는 하느님께 가까이 다가설 수 있다. 그것이 믿음 안에서 겪게 되는 시련의 밤 한가운데에서도 우리의 일상을 하느님의 시선 아래에 둘 수 있는 유일한 방법이다. 이 방법 외에 빛으로 나아갈 수 있는 다른 방법은 존재하지 않는다.

'들어 올려짐'과 '내려옴'(상승과 하강) 역시 그리스도인의 존재와 근본적으로 연결되어 있다. '들어 올려짐'과 '내려옴'에서 발견되는 대립은 오로지 이 두 가지의 움직임이 이루어지는 방향성에 있을 뿐이다. 왜냐하면 실상 서로 다른 이 둘의 움직임이 단 하나뿐인 하느님의 계획을 묘사하고 있기 때문이다. 말씀이 사람이 되시어(내려옴), 인간의 본성을 완전하게 취하시고(kenosis), 인간이 지닌 죽음의 헤아릴 수 없는 깊이에까지 내려가신다(십자가 위에서의 들어 올려짐). 그러나 이 십자가 위에서의 들어 올려짐은 가장 극심한 굴욕과 비천함의 장소가 되는 동시에 죽음을 이기신 사랑 자체이신 분이 드러나는 순간, 곧 그분께서 아버지 하느님에게로 다시 올라가시는 시작점, 그분이 지니신 영광이 찬란하게 빛을 발하는 순간이 된다. 따라서 이제 십자가는 모든 사람을 끌어당기는 힘을 지니게 되고, 우리는 예수가 과거, 현재, 미래의 모든 세대, 악의 종살이로부터 해방된 수많은 무리를 이끌고 하늘로 올라가는 것을 볼 수 있게 된다. 그렇다면, 이 두 가지 움직임 – 하느님의 유일하신 계획 안에서 이루어지는 '들어 올려짐'과 '내려옴'이라는 두 가지 움직임 – 을 어떻게 우리의 삶에서 해석해 낼 수 있을까? '내려옴'은 사람들의 삶, 특히 가장 작고 낮은 이들의 삶 속으로 들어가 그들과 함께하는 것이 아닐까? '들어 올려짐'은 십자가에 못 박혀 죽고 부활하셨으며, 하늘에 오르시어 이제는 하느님 아버지 오른편에 앉아 계신 주님 – 그분은 수많은 스승 가운데 한 분이 아니라, 유일하신 우리 생명의 주인이시다 – 에 대한 믿음을 통해 역사의 이 깊고 어두운 심연으로부터 우리가 길어 올리는 희망이 아닐까? 그리스도인들은 바로, 세상에 이 희망을 전달하는 사람들이다. 우리는 세례로 신적인 생명을 부여 받았으며, 그 생명을 이 세상에서 계속 성장시켜 나가는 것이 우리의 존재 목적(세상을 위한 우리의 존재 목적)이 되었기 때문이다.

카를로 칸티니 부제

Diac. Carlo Cantini

요한복음서에 나오는 믿음의 인물들

제5장

사마리아 여인

너는 이것을 믿느냐?

신앙은 우리 삶의 문을 두드리는 어느 비천한 나그네에 대한 놀라움이다.
예수는 우리의 목마름을 해소하기 위해 우리 삶의 문을 두드린다.
나의 목마름을 풀어 주기 위해
먼저 나를 애타게 찾으시고 만나러 오시는 하느님 앞에서
우리는 놀라지 않을 수 없다.

둘러보기

사마리아 여인과 예수의 만남 이야기가 들어 있는 2,1-4,54에서는 '표징들'(σημεῖα)과 '믿는다'(πιστεύω)라는 두 단어가 자주 등장하며 서로 팽팽한 상관관계를 이룬다. 그리고 이 부분에는 유다교의 한계를 보여 주는 카나의 혼인 잔치(2,1-12), 성전을 텅 빈 공간으로 만드는 성전 정화 사건(2,13-22), 사람들의 부족한 믿음(2,23-25), 니코데모와의 결실 없는 대화(3,1-21), 바리사이들의 침묵(4,1)과 같이 불신앙이라는 주제가 담긴 이야기가 차례로 나온다. 이렇게 예수에 대한 불신앙이 자라나는 가운데 믿음의 결실을 맺는 두 번의 만남이 이루어지는데, 사마리아 여인과의 만남(4,4-42)과 왕실 관리와의 만남(4,46-53)이 그것이다(A. Marchadour).

사마리아 여인의 이야기가 하나의 단일한 구조로 이루어져 있다는 사실은 예수가 사마리아에 도착해서 다시 갈릴래아를 향하여 출발한다는 장소에 대한 언급을 통해 알 수 있다(4,3-5.43). 당시 사마리아는 유다인들에게 이민족 지역과 같은 취급을 받고 있었다. 사마리아인들 자체가 혼혈 민족이고 그들의 종교 역시 혼합 종교의 성격을 지녔기 때문이다. 유다인들과 사마리아인들 사이에는 깊은 적대감이 존재하고 있었다. 유다인들은 사마리아인들을 경멸하였고, 누군가를 심하게 모욕할 때 '사마리아인'이라는 표현을 사용하였다(8,48). 또한 그리짐산에 있는 사마리아 성전을 파괴하여(기원전 128년) 사마리아인들의 공분을 불러일으킨 적도 있었다. 사마리아인들도 크게 다르지 않았다. 그들은 예루살렘 성전 입구에 인간의 유골을 쏟아내며 성전을 더럽힌 적이 있어서(기원후 6-9년), 예루살렘 성전 출입이 금지되었다(J. Mateos-J. Barreto). 복음사가들 가운데 루카와 요한만이 사마리아인들에 대해 관심을 가진다. 나병 환자 열 사람 가운데 오직 한 사람만이 병이 나은 뒤에 예수에게 돌아와 감사를 드렸는데 그는 사마리아 사람이었다(루카 10,25-37). 또 사도행전에서 오순절 성령 강림 사건 이후에 필립보가 복음 선포를 위해 사마리아로 떠나는 대목(사도 8,5-7)과 요한 복음서에서 예수가 예루살렘에서 사마리아를 거쳐 갈릴래아로 갔다고 기술한 대목이 서로 상응되기도 한다.

　사마리아 여인의 이야기는 대화가 주를 이룬다. 요한 복음서에 나오는 대화들은 일정한 구도, 곧 한편에서는 예수의 자기 계시가 반복적으로 이어지고, 또 다른 한편에서는 사람들이 이 계시를 전혀 이해하지 못하는 방식으로 진행된다. 이러한 대화의 구도는 인간이 하느님의 신비를 이해할 수 없다 하더라도 하느님께서는 인간이 당신 자신에 대해 관심을 갖게 하시고, 더 나아가 당신을 향한 갈망을 키워 주시며 그 갈망을 통해 마침내 그 신비를 온전히 깨달을 수 있도록 끈기 있게 교육하신다는 점을 보여 준다(B. Maggioni, *La brocca dimenticata*).

　이 대화에는 예수가 자신을 계시하는 것과 사마리아 여인의 신앙이 점진적으로 성장하는 것이 놀랍게 교차하고 있다. 그래서 이 대화는 요한 복음에서 가장 아름답고 심오한 대화들 가운데 하나로 손꼽힌다. 또 이 이야기에는 특별한 상징들이 등장하는데, 이 상징들은 믿음이 인간의 삶을 어떻게 성장시키고 인간의 본성을 어떻게 완성하는지를 보여 준다. 곧 자기 자신을 계시하는 예수에 대한 사마리아 여인의 열린 태도가 그녀를 모든 면에서, 심지어 그녀의 가장 깊숙한 내면까지도 충만한 삶으로 이끄는 것이다.

구절풀이

4,4-5

예수가 유다를 떠나 갈릴래아로 가기 위해 사마리아를 가로질러 가야 했다는 구절에서 우리는 의구심을 갖게 된다. 유다인들은 종교적인 정결을 유지하는 것을 중요하게 여겼기 때문에 사마리아를 거쳐 가는 것을 꺼렸다. 사마리아는 불결한 땅이라고 여겼던 것이다. 그래서 유다에서 갈릴래아로 갈 때는 항상 요르단강 계곡을 거쳐서 가는 것이 관례였다. 그런데 예수가 사마리아를 가로질러 '가야 했다'라고 요한 복음사가는 기술한다. 이것은 단순한 지리적 차원의 언급이라기보다 메시아적 사명을 암시하기 위한 표현이라고 볼 수 있다. 다시 말해 예수 자신이 유다인들과 사마리아인들의 장벽을 허물고 그들을 하나의 민족으로 만들기 위해 사마리아를 거쳐 가는 것이 필요했던 것이다(에페 2,14 참조). 예수의 사명이 이러한 방식으로 거론되는 한편 사마리아 여인의 사정도 소개된다. 그녀는 정오 무렵에 물을 길으러 우물가에 갔다. 사실 평범한 여인들은 그 시간에 우물가에 가지 않는다. 하루

중 가장 뜨거운 햇살이 내리쬐는 시간이기 때문이다. 어쨌든 출신도, 성별도, 종교도 서로 다른 두 인물이 한 곳에 서 있다. 이제 그 둘은 결정적인 만남을 갖게 된다. 거기에서 한 여인은 변화될 것이고 다른 이는 자기 자신을 계시할 것이다.

4,6-7

몇몇 학자는 "정오 무렵"이라는 구절이 예수가 십자가 위에 달린 때를 암시한다고 본다. 그 시각도 정오였다(19,14). 그때에 예수는 자신의 옆구리에서 물을 쏟아 내는데 그것에 앞서 목마름을 먼저 느꼈다는 점도 이 구절과 상응한다(19,28.34). 위령 미사 때 불리는 성가 〈Dies Irae〉[18]에서는 이 두 번의 정오를 다음과 같이 연결한다. "당신께서는 지친 몸으로 앉아 저를 찾고 계셨습니다. 또한 십자가 위

---

18 '분노의 날'이라는 뜻이다. 이 성가는 첼라노의 토마스(†1265년) 혹은 라티노 말라브란카 오르시니(†1294년)가 지은 것으로 알려져 있다. 총 18절로 구성되어 있으며 주님의 심판의 날을 생각하며 주님의 자비를 간청하는 내용이다. 16세기부터 종교음악 작곡가들이 이 성가의 단선율을 대위법 음악의 기본 선율로 활용하였다.

에서 고난을 받으시며 저를 구하셨습니다"(Quaerens me sedisti lassus ; redemisti crucem passus)(R. E. Brown, *Giovanni*).

4,9-11

물을 길으러 온 여인 앞에 예수가 지친 몸으로 앉아 있다. 그리고 사회적 통념을 깨고 여인에게 물을 달라는 부탁을 한다. 이에 여인은 다음과 같이 대답한다. "선생님은 어떻게 유다 사람이시면서 사마리아 여자인 저에게 마실 물을 청하십니까?" 이 말은 다양하게 해석될 수 있다. 단순한 거절일 수도 있고, "당신은 유다인인데 제가 주는 물을 마시면 부정하게 되는 것이 아닙니까?" 하는 존중의 자세일 수도 있다. 혹은 우물가가 여러 문화에서 성적性的 상징으로 사용되었다는 점을 고려한다면 훤칠한 외모의 낯선 남자를 향한 성적인 농담으로 해석할 수도 있다. 또 유다인과 사마리아인 간의 적대감을 드러내는 표현으로도 생각할 수 있다.

어쨌든 여인의 이러한 반응을 기회로 예수는 여인에게 부탁을 한 본래의 의도뿐 아니라, 말씀 자체인 자신이 이 세상에 온 이유를 밝히게 된다. 예수가 여인에게 말을 건넸던 이유는 인간적 논리에서 나온 적개심과 기만에 의해 파괴된 관계를 회복하기 위한 것이었다. 예수는 이러한 인간적 논리를 대체할 수 있는 하느님의 선물에 관해 이렇게 말한다. "네가 하느님의 선물을 알고 또 '나에게 마실 물을 좀 다오.' 하고 너에게 말하는 이가 누구인지 알았더라면, 오히려 네가 그에게 청하고 그는 너에게 생수를 주었을 것이다." 이 말에 여인의 시선은, 우물물에서 자신에게 말을 건네고 있는 그 낯선 남자에게로 옮겨 간다. 여인이 보기에 그는 피로에 지치고 목말라하는 한 유다인일 뿐이다. 그런데 그 남자가, 그녀의 목마름을 해갈할 수 있는 사람이라고 자신을 소개한다. 지금 고여 있는 우물물과는 뭔가 다른 물을 줄 수 있는 사람, 생수를 줄 수 있는 사람이라는 것이다. 여인은 생수라는 말에서 고여 있지 않은 물, 곧 '샘물'을 떠올렸다. 그러나 사실 예수는 '살아 있는 물', 곧 성령을 염두에 두고 있었다.[19] 성령이야말로 '생명의 물'이며 성령을 받은 이는 영원한 생명을 누릴 것이기 때문이다. 이렇듯 예수와 사마리아 여인은 한 가지를 두고 각자가 다른 뜻으로 이해하면서 대화를 나눈다. 그래서 여인은 예수가 하는 말의 참뜻을 깨닫지 못한다. 그러나 이제 그녀는 예수와 계속 대화를 나누면서 점차 물질적인

---

[19]_ '생수'로 번역된 그리스어 '휘도르 존'(ὕδωρ ἐῶν)을 직역하면 '살아 있는 물'이다.

물에서 영적인 물을 이해하는 쪽으로 건너가게 될 것이다.

4,12-13

야곱은 물을 퍼 올릴 수 있는 우물을 주었을 뿐 근본적인 목마름을 해결해 주지는 못하였다. 반면 예수는 생명의 물을 약속하며 더위에 허덕이는 인간의 목마름을 해소해 준다.

예수의 물을 얻기 위해서 우물을 파야 할 필요는 없다. 왜냐하면 광야에서 바위를 쳤을 때 거기에서 물이 솟아났던 것처럼 예수 자신이 살아 있는 샘물, 곧 성령의 선물을 내어 줄 것이기 때문이다. 켄터베리의 발도비노(Baldovino di Canterbury)가 이미 주목했듯이, 우물물은 아래로 내려가지만 성령의 물은 위로 솟구친다. 더 나아가 그 물을 마시는 사람은 행복을 향하여, 영원한 생명을 향하여 솟아오른다.

4,16-19

사마리아 여인과 예수의 대화가 시작될 때 주요하게 다루어졌던 '남자-여자'라는 주제가 이제 예수가 하는 다음 말에서 다시 명백하게 드러난다. "가서 네 남편을 불러 이리 함께 오너라." 학자들은 대화의 새로운 주제를 여는 이 말을 두 가지 방식으로 설명하는데, 이 가운데 어느 하나를 반드시 선택해야만 하는 것은 아니다. 성경에 대해 잘 알고 있는 사람은 우물이라는 표상을 통해 이집트 탈출, 특히 하느님께서 광야를 떠돌고 있는 당신 백성을 위하여 선물로 내주신 물을 떠올린다(민수 21,16-17).[20] 쿰란 문헌에서는 민수기의 이 대목을 두고 '우물은 바로 율법이다'라고 상징적으로 해석하였다(R. Vignolo). 독자들은 이런 해석을 바탕으로 이 여인이 그동안 남자들과 맺었던 관계를 옛 계약의 역사와 결부해 생각해 볼 수 있을 것이다. 예언자들은 옛 계약의 발판인 율법이 더럽혀지는 여러 행태를 두고 비판해 왔다. 이런 맥락에서 예수의 말을 해석하자면 사마리아 여인 안에서도 율법이 더럽혀지고 있으며 예수가 이 감추어진 것을 드러내고 있다고 할 수 있다. 바꾸어 말하자면 사마리아 여인이 물(율법)을 달라고 청했을 때

---

[20]_ "그들(이스라엘 자손들)은 그곳을 떠나 브에르로 향하였다. 이것이 바로 주님께서 모세에게, '백성을 모아라. 내가 그들에게 물을 주마.' 하고 말씀하신 그 우물이다. 그때에 이스라엘은 이러한 노래를 불렀다. '우물아, 솟아라. 너희는 우물에게 노래하여라.'"

예수는 그녀가 율법에 합당하지 않다는 점을 밝힌 것이다. 여인도 이를 알고 있었기에 다음과 같은 결론에 이르게 된다. "이제 보니 선생님은 예언자시군요." 그런데 다른 한편으로 이 대목은 인간적인 관점으로 해석할 수도 있다. 처음에 사마리아 여인은 남자를 유혹하는 사람이었지만 예수와의 대화가 깊어지면 깊어질수록 그가 여느 남자들과는 다르다는 점을 깨닫게 된다. 자기 삶에서 만난 이전의 여섯 남자에게서는 볼 수 없었던 그만의 능력과 온유함과 풍요로움을 서서히 알아보게 된 것이다(A. Marchadour). 남편을 불러오라는 예수의 요청은 이 여인의 마음 깊숙한 곳에 숨어 있는 목마름이 드러나도록 하였다. 그리고 이 목마름은 살아 있는 물이 아니면 결코 해갈될 수 없는 것이었다. 사마리아 여인이 "저는 남편이 없습니다"라고 말하는 것은 그녀 자신이 살아오면서 느꼈던 마음의 공허함을 그 어떤 경험으로도 채울 수 없었다는 사실을 고백하는 것이다. 예수가 그녀를 진리로 이끌었을 때 그녀는 비로소 예수와 새로운 역사를 만들게 된다. 남자 여섯 명과 얽힌 역사가 있었지만 그녀는 진정한 남편을 찾지 못하였다. 마치 카나에서 물독 여섯 개가 그랬던 것처럼, 이 여섯 남자는 상징적인 의미에서 채워지지 않는 사랑을 뜻한다. 아무리 더 많은 남자를 만나며 마음의 물동이를 채우려고 해도 그것은 수고스럽기만 할 뿐 결국 허탕이 되고 만다. 그녀는 사랑을 목말라하며 사랑의 광야에 남아 있다(H. Ronchi). 그리고 바로 이러한 여인을 찾기 위해 예수가 그 광야에 왔다. 인간이 만든 우물물은 이렇듯 일시적으로는 목마름을 채울 수 있겠지만 더위가 찾아오면 결국 아무 소용이 없다. 그러나 예수는 그러한 더위마저도 누그러뜨리는 존재이다. 이제 예수가 자상한 손길로 이 여인을 이끌며 새로운 사랑의 역사로 초대한다. 그리고 사마리아 여인은 예수의 손길에 따라 자신의 죄를 성찰하고 하느님의 사랑을 받아들일 수 있게 된다(Ruperto di Deutz[21]).

4,21-24

사마리아 여인은 예수를 예언자로 알아보고 난 뒤, 자신의 내적 여정에서 한 걸음 더 나아가려고 한다. 주님께 참다운 예배를 드리는 곳이 어디인지, 사마리아의 그리짐산인지 아니면 예루살렘 성전인지를 묻는 것이다. 예수는 우선 사마리아인들과 유다인들의 관계, 남자와

---

[21] 도이츠의 루페르토(Ruperto di Deutz)는 12세기에 가장 유명했던 베네딕도 회 수도자 중 한 사람으로 성경을 많이 주석하였다.

여자의 관계에 대해 설명하고 난 후, 사마리아 여인을 한 단계 높은 차원으로 이끈다. "여인아, 내 말을 믿어라." "나를 믿어라. 나를 신뢰하여라. 나에게 너를 맡겨라." 예수가 이 세상에 오기 전까지 기성 종교는 하느님과 자유롭고 인격적인 관계를 맺으려면 신앙의 거점이 되는 어떤 장소가 있어야 한다고 여겼다. 그러나 이제 이런 전통적 개념이 뒤집히는 때가 왔다. 이제는 그리짐산도, 예루살렘도 아닌 곳에서 진실한 예배를 드리는 이들을 볼 수 있을 것이다. 그들은 특정한 장소가 아니라 영과 진리 안에서 예배를 드리기 때문이다. 영과 진리 안에서 예배를 드린다는 것은 성령에 따라 살아가며 하느님을 경배하는 것을 의미한다. 그리고 이 참된 예배는 하느님을 계시하는 진리의 성령께서 우리 안에서 샘솟을 때만 가능하다. 그분께서 우리 안에 현존하시고 머무시는 것으로부터 참된 예배가 이루어지는 것이다. 이와 관련하여 순교의 길을 걸었던 안티오키아의 이냐시오는 로마 신자들에게 다음과 같이 증언한다. "지상에서 제가 품는 열망은 오직 십자가에 못 박히는 것뿐입니다. 세상의 그 어떤 것에 대해서도 아무런 바람이 없습니다. 다만 살아 있는 물이 제 안에서 속삭입니다. '하느님께 오너라.'" 요컨대 이제부터는 오직 예수의 인격과 살아 있는 물인 성령을 쏟아 내는 파스카 신비만이 하느님을 경배하는 참다운 장소가 된다.

4,25-26

사마리아 여인이 다시 예수에게 말한다. "저는 그리스도라고도 하는 메시아께서 오신다는 것을 압니다." 그러자 예수가 대답한다. "너와 말하고 있는 내가 바로 그 사람이다." 마침내 사마리아 여인은 우물가에 앉아 있는 한 남자 안에서 메시아를 알아보게 되었다. 고여 있는 물가에 앉아 있는 그 남자 안에서 생명의 물을 쏟아 내는 샘터를 발견하게 된 것이다. 바로 이 순간부터 모든 것의 참된 의미가 그녀에게 드러난다. 처음에 예수는 그녀에게 그저 목마른 한 사람에 불과했지만 이제는 목마름을 해갈해 주는 유일한 존재가 되었다. 예수는 물이라는 매개체를 통해서 여인을 하느님의 신비 안으로 이끌었다. 모든 인간의 목마름을 누그러뜨리는 참된 음료를 알아보게 한 것이다. 사람들이 단순히 생각하는 것과 달리, "나에게 마실 물을 좀 다오"라고 한 예수의 말은 본디 우물물을 청한 것이 아니었다. 이 말의 진정한 의미는 여인의 믿음에 목이 마르다는 것이다. 예수는 삶의 목마름을 겪고 있는 여인에게 살아 있는 물이신 성령을 내주기를 원하였다. 그러나 이를 위해서는 먼저 그녀의 믿음이 있어야만 했다. 믿음이 있어야 하느님의 선물에 대해 마음을 열게 되며, 그때에야 비로소 그 마음속으로 예수라는 샘터에서 솟아나는 물이 흘러 들어

갈 수 있기 때문이다. 시편 42,2에 나오는 암사슴만 살아 있는 물이 솟아나는 샘터를 애타게 찾았던 것이 아니다(Ambrosio). 샘터인 예수도 하느님께 탄원하는 한 사람의 영혼을 열렬히 갈망하였던 것이다. 메마른 땅에서 물도 없이 더위에 찌들어 있는 그 한 사람 말이다. 그리하여 그는 바로 이 물을 가지고 메마른 삶의 현장을 찾아가 그녀의 죄를 씻어 주고 갈증에 허덕이는 그 마음을 마침내 해갈하였다.

4,28-29

이제 사마리아 여인은 물동이를 버려두고 고을로 갈 수 있게 되었다. 생명의 물을 찾았으니 물질적인 물을 구할 필요가 없게 된 것이다. 여인은 육체적 생존을 위한 목마름을 해결하지는 못했다. 그러나 생명의 샘터인 예수를 만났고, 그를 통해 삶의 참된 의미를 맛보게 되었으며 지금껏 살아오면서 의지했던 모든 것으로부터 자유롭게 되었다. 버려진 물동이가 이러한 사실의 증거다. 언제나 목마름을 풀어 줄 수 있는 물이 존재할 뿐 아니라 바로 그 물을 이 여인이 찾았고 그래서 그녀 자신의 삶이 바뀌게 되었다는 사실을 이 버려진 물동이가 알려 주는 것이다. 마음의 더 큰 갈증이

채워진 이상, 이제는 생존을 위해 더 이상 무언가를 채울 필요가 없게 되었다. 믿음을 향해 마음을 열게 되었고 예수와 만난 그 자체로 하느님의 선물인 살아 있는 물을 거저 받았기 때문이다. 그녀는 우물가 옆에서 샘터인 예수를 발견하게 되었고 그 샘터에서 솟아나는 살아 있는 물로 자신의 목마름을 채우게 된 것이다. 그러니 '바로 그때부터'(혹은 예수의 파스카 신비라는 샘터 안에 자신의 전 인격을 담근 바로 그날 이후로) 물동이가 더 이상 필요 없게 되었다. 이제 그녀는 그 누구의 강요나 명령 없이 기쁜 마음으로 고을로 달려가 예수를 만났다고 선포한다. 독자들은 이 여인의 증언을 통해 예수가 내준 참된 음료가 그녀 안에서 삶의 샘물이 되었고, 그녀를 만나는 모든 이에게 무상으로 흘러 들어가는 시냇물이 되었다는 사실을 깨닫는다.

삶 속에서 되새기기

사마리아 여인의 이야기에서 우리가 헤아릴 수 있는 신앙적 가르침은 무엇인가? 우선 신앙이 우리의 삶과 동떨어져 있지 않다는 점이다. 신앙은 하나의 만남에서 발생한다. 그 만남은 물질적인 필요를 충족하고자 하는 욕구에서 출발하지만 거기에서 그치지 않는다. 이런 욕구 안에 잠재된 더 깊은 열망이 드러나는 것이다. 그리고 그 열망은 살아 계신 하느님을 생생히 만나는 데서 절정에 이른다. 신앙은 대화이다. 이 대화 안에서 인간은 숨겨진 자아를 발견하고 예수가 이 세상의 구세주임을 알아보게 된다. 그리고 신앙은 우리 삶의 문을 두드리는 어느 비천한 나그네에 대한 놀라움이다. 예수는 우리의 목마름을 해소하기 위해 우리 삶의 문을 두드린다. 나의 목마름을 풀어 주기 위해 먼저 나를 애타게 찾으시고 만나러 오시는 하느님 앞에서 우리는 놀라지 않을 수 없다. 그분은 우리가 원하기만 한다면 다시는 목마르지 않을 참된 음료를 무상의 선물로 주신다. 신앙은 '바로 그때' 안으로 들어가는 것이다. 모든 장벽이 무너지고 진실한 예배자들이 영과 진리 안에서 하느님 아버지께 예배를 드리는 그 순간 말이다. 마지막으로 신앙은 해방이다. 우물물에 의지하는 삶에서 자유로워지는 것이다. 자유로워진 신앙인들은 수로水路가 된다. 그리고 이 수로를 통해 살아 있는 물인 예수가 흘러나와 다른 모든 이에게 아낌없이 자신을 내줄 것이다.

과연 우리의 영성과 사목은 분열의 장벽을 허물고 있는가? 그저 우리 자신을 보호하는 데에 급급하여 방어의 장벽을 짓고 있는 것은 아닌가? 과연 우리의 영성과 사목은, 우리 자신의 나태함과 부족함과 나약함을, 하느님을 만나고 그분을 드러내는 장소로 삼게 하는가? 오히려 그러한 것들 때문에 스스로 무기력함에 빠져 하느님을 만나지 못하는 것은 아닌가? 과연 우리의 영성과 사목은 물질적인 필요를 충족하기 위한 욕구에서 그치지 않고 오히려 그 욕구 속에 잠재된 인간 내면의 더 깊은 열망이 드러나게 하는가? 그리하여 그 열망을 통해 예수를 만나도록 이끌고 있는가? 혹시 이러한 열망을 향한 발걸음을 독단적으로 멈추게 하거나 그것을 완전히 우리 삶에서 배제해 버리는 과오를 범하고 있지는 않은가?

세상의 논리에서 볼 때 무상으로 주어지는 선물은 없으며, 그 선물에 상응하는 요구가 그 안에 있기 마련이다. 이 세상에서는 선물이 하나의 심리적인 강요나 상대방을 지배하기 위한 도구로 쓰이기 때문이다. 그러나 하느님께서 우리에게 요구하실 때는 이와 정반대이다. 그분은 선물을 주시면서 우리에게 무언가를 요구하시지 않고, 오히려 무언가를 요구하시면서 그 안에 선물을 담아 주신다. 다시 말해 선물 안에 요구가 있는 것이 아니라, 요구 안에 선물이 담겨 있다. 이는 교황 베네딕토 16세가 즉위식 때 우리를 일깨운 말과 일맥상통한다. "그리스도를 향해 문을 열기를 두려워하지 마십시오. 그분께서는 그 어떤 것도 빼앗지 않으십니다. 오히려 모든 것을 선물로 주는 분이십니다." 바로 이 선물이 예수가 내어 준 살아 있는 물이다. 그리고 그를 믿는 것만으로 그가 약속한 음료가 참된 샘물이 된다. 그렇다면 우리 각자와 우리 공동체의 삶은 다음 두 가지 논리 중에서 어떤 것에 매진하는가? 하느님에게 무언가를 청하기 위해 그분께 내어 드리는가, 아니면 그분께 내어 드리기 위하여 무언가를 청하는가?

아우구스티노 성인은 자신의 지난 삶을 회상하며 우물물을 이 세상 어둠의 깊은 곳에 자리하는 세속적 쾌락의 상징으로 보았다. 사람들은 탐욕의 물동이로 쾌락의 우물물을 길어 올린다. "타락한 사람들은 자신들의 쾌락을 충족시키려고 쉽게 탐욕에 빠져들고 만다. 그대는 누군가가 먹고 마시는 일, 목욕, 각종 오락, 성적 쾌락 등 세상이 주는 기쁨을 다 얻는다고 해서 그 사람이 정녕 다시 목마르지 않을 것이라고 믿는가?"

이에 대해 주님께서 다음과 같이 말씀하신다. "이 물을 마시는 자는 누구나 다시 목마를 것이다"(4,13). 그렇다면 우리는 어디에서 마음의 물동이를 채울 수 있는가? 우물인가 아니면 우리를 만나기 위해 피로에 지쳐 우물가에 앉아 있는 예수인가?

사마리아 여인은 신앙의 여정을 걸으면서 세속적 관계에 의지하던 자세를 버리고 새로운 관계를 향해 마음을 열게 되었다.

우리는 어떠한가? 우리 삶과 공동체는 어떤 관계에 신경을 곤두세우고 있는가?

도이츠의 루페르토는 사마리아 여인의 삶을 뒤바꾸어 놓은 살아 있는 물에 대해서 다음과 같이 묘사한다.

> 우리가 세례를 받을 때에 우리 안으로 흘러 들어오는 성령의 은총이 아니라면 무엇이 살아 있는 물이겠는가? 이 물이 성령이시다. 이 물이 하느님이시다. 이 물은 하느님의 마음 안에 담겨 있는 생명의 샘이며, 예수의 물동이에 담긴 평화와 은총의 강물이다. 천사들 안에서 그 영광의 강물이 흐르고 선택받은 이들 안에서 그 생명의 물결이 흘러넘친다. 이 물은 그것을 마시는 이들과 함께 다시 자신의 샘터로 되돌아간다. 곧 심연보다 더 깊고 땅보다 더 넓으며 바다보다 더 거대하고 하늘보다 더 높은 하느님의 영원한 저 대양大洋 안으로 되돌아가는 것이다. 어떤 영혼이 지옥으로 떨어진다 하여도 그 물은 그 영혼을 샘터로 인도하여 영원한 생명을 맛보게 할 것이다. 그곳에서 그 영혼은 배고프지도 않고 목마르지도 않으며 열풍도 태양도 그를 해치지 못할 것이다(이사 49,10 참조). 이 물은 자신이 흘러나온 샘터에 돌아가기 전에 이미 그 물을 마신 이에

게 샘터가 된다. 그리하여 그 사람의 마음 깊은 곳에서부터 지혜와 지식의 강물이 흘러나와 그 영혼을 가득 채워 준다. 그리고 그 영혼의 입을 통해 그 물은 삶에서 솟구쳐 나오게 된다. 마치 가까운 밭과 먼 들판 모두를 물로 풍요롭게 적셔 주는 것처럼 말이다. 성경은 이를 다음과 같이 말한다. "그대는 정원의 샘 생수가 솟는 우물 레바논에서 흘러내리는 시내라오"(아가 4,15). "내가 주는 물은 그 사람 안에서 물이 솟는 샘이 되어 영원한 생명을 누리게 할 것이다"(요한 4,14)라는 말씀이 정녕 이루어지는 것이다.

이렇듯 함축적 의미를 지닌 살아 있는 물이 우리 각자의 삶과 공동체 생활에서 어떤 역할을 하는가? 여전히 추상적인 개념인가? 아니면 우리 각자와 공동체의 신앙생활로부터 우러나오는 경험인가?

스테파노 비올리 신부

Don Stefano Violi

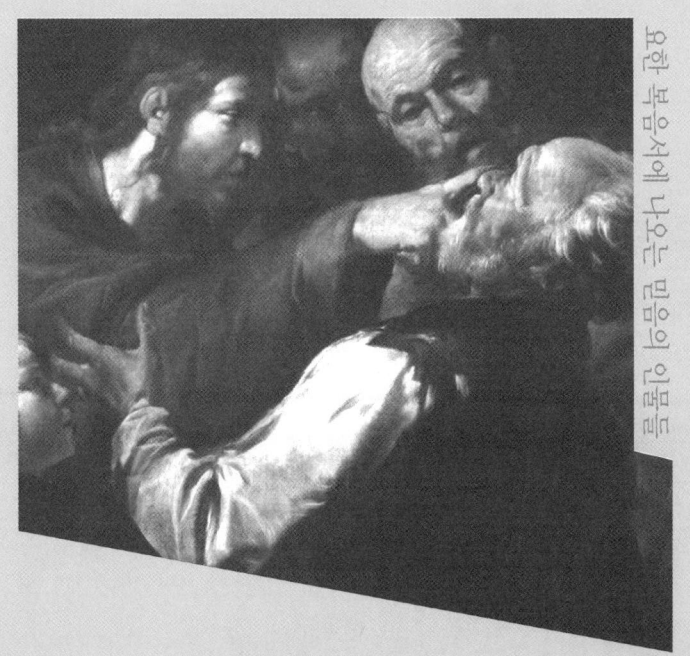

제6장

태어나면서부터 눈먼 사람

너는 이것을 믿느냐?

요한 복음서에 나오는 믿음의 여정들

어두움 속에서, 반대와 적대감 속에서 믿음을 간직한다는 것은
자신의 온 삶을 다해 밤의 한가운데에 하나의 빛을 밝히는 것을 의미한다.
바로 이것이 태어나면서부터 눈먼 사람의 치유 이야기가
그리스도인들의 영성에 전해 주고자 하는 가장 어려우면서도
동시에 가장 유익하고 풍요로운 가르침 가운데 하나라고 말할 수 있다.

둘러보기

　　　　　　　　요한 복음 9장에 나오는 태어나면서부터 눈먼 이의 치유 이야기는 예수가 예루살렘에 머물고 있을 때 일어났던 일로 어둠 속에 앉아 있던 한 사람이 어떻게 빛으로 – 육체적으로만이 아니라 영적으로도 – 인도되어 갔는지를 잘 보여 주다(R. E. Brown). 서른여덟 해 동안이나 병을 앓고 있던 사람(5,5)과 마찬가지로, 태어나면서부터 눈이 멀었던 그 사람은 인간으로서 최소한의 품위조차 박탈당한 사람의 모습을 대변한다. '하늘을 향해 눈을 뜨다'라는 표현은 예수의 치유 활동을 두 번째 이집트 탈출 사건을 배경으로

(이사 35,5.10)²² 하느님의 종이 지니고 있던 구원자로서의 사명 (이사 42,6; 49,6)²³과 연결시켜 바라보게 한다. 여기에서 두 번째 이집트 탈출 사건이란 하느님께서 바빌론의 종살이로부터 당신의 백성을 해방하신 사건(이사 40,1-3)을 가리킨다(J. Mateos-J. Barreto).

이 이야기는 단순히 예수가 이 세상에 온 빛이라는 사실을 다시 한번 확인해 주려는 것이 아니라, 오히려 빛이 이루어 내는 극적인 사건과 예수를 만날 때 이루어지는 일의 결과들, 그리고 무엇보다 예수를 거부하는 것과 받아들이는 것이 근본적으로 무엇을 의미하는지를 특별한 실례를 들어 설명하려는 의

22_ "그때에 눈먼 이들은 눈이 열리고 귀먹은 이들은 귀가 열리리라"(이사 35,5); "주님께서 해방시키신 이들만 그리로 돌아오리라. 그들은 환호하며 시온에 들어서리니 끝없는 즐거움이 그들 머리 위에 넘치고 기쁨과 즐거움이 그들과 함께하여 슬픔과 탄식이 사라지리라"(이사 35,10).

23_ "주님인 내가 의로움으로 너를 부르고 네 손을 붙잡아 주었다. 내가 너를 빚어 만들어 백성을 위한 계약이 되고 민족들의 빛이 되게 하였으니"(이사 42,6); "그분께서 말씀하신다. '네가 나의 종이 되어 야곱의 지파들을 다시 일으키고 이스라엘의 생존자들을 돌아오게 하는 것만으로는 충분하지 않다. 나의 구원이 땅 끝까지 다다르도록 나는 너를 민족들의 빛으로 세운다'"(이사 49,6).

도를 지니고 있다(B. Maggioni, *La brocca dimenticata*). 실제로 태어나면서부터 눈먼 사람을 치유하는 기적의 과정이 전체 본문에서 매우 짧고 간단하게만 소개되고 있음을 발견할 수 있다(9,6-7). 독자들의 관심이 기적 사건이 아니라, 그 기적이 불러일으킬 논쟁에 머물러야 하기 때문이다. 그리고 기적적인 치유 사건 이후에 예수는 무대 위에서 곧바로 사라져 버리고 9,35에 이르러서야 우리는 비로소 예수를 다시 만나게 된다.

예수를 통해 눈을 뜬 이는 자신이 예수와 인격적으로 만난 뒤에 어떠한 결과가 초래되었는지를 다른 사람들과 대화를 나누면서 깨닫게 될 것이다. 예수를 만난 사람은 이미 많은 것을 알게 된다. 예수를 만나 눈을 뜬 이는 자신이 무엇을 증언해야 하는지를 알게 되었고 또 자신을 빛으로 부르신 예수에 관해 증언하는 가운데 - 이미 예수 편에서 그와 함께하고 있는 한 사람으로서 - 끊임없이 앞을 향해 나아가도록 자신을 재촉해야 한다는 사실도 알게 되었다. 빛으로 새롭게 태어난 사람은 또한 그 자신이 빛이 되는 것이다(Y. Simoens).

9,8-34 이야기는 법적 소송을 위해 피의자를 심문하는 것과 같은 형태로 구성되어 있다. 여기에서 우리는 한편으로는 치유된 눈먼 이가 점진적으로 빛을 향해 계속 나아가고 있음을, 다른 한편으로는 바리사이들이 어둠 속에서 고집스럽게 자신들

의 주장을 펼치고 있음을 볼 수 있다. 앞선 7장과 8장에서 예수를 향했던 적대감이 이곳에서는 태어나면서부터 눈먼 사람에게 집중되고 있다. 이렇게 치유된 눈먼 이가 빛을 향해 점진적으로 나아가는 과정과 그의 적대자들이 어둠 속으로 점차적으로 침몰해 가는 과정이 더욱 분명하게 대조를 이루며 강조된다. 치유된 눈먼 이를 향한 군중의 질문(9,8-12)에 이어 바리사이들의 질문이 이어지고(9,13-17), 그 뒤로 태어나면서부터 눈먼 이의 부모에 대한 신문(9,18-23)이 이어진다. 그리고 마침내 유다인들은 눈이 멀었던 이에게 다시 질문을 던지며 그를 회당 밖으로 내쫓아 버리고 만다(9,24-34). 예수가 태어나면서부터 눈먼 이에게 선사해 준 빛의 충만함은 억압과 강요로 가득한 이러한 상황들과 조화를 이룰 수 없는 것이었다. 유다인들이 만든 제도와 원칙은 치유된 눈먼 이가 얻은 이 자유를 인정할 수 없었고, 결국 그 자유를 소유한 자를 자신들의 회당에서 내쫓아 버리는 결과를 가져온다. 그러나 예수는 그렇게 내쫓긴 자를 다시 받아들인다. 이 이야기는 치유된 눈먼 이가 추방되어 예수를 다시 만나고, 예수에 대한 자신의 신앙을 고백하는 것으로 끝을 맺는다. 이런 일련의 과정을 거쳐, 태어나면서부터 눈먼 사람은 마침내 예수를 진실하게 만날 수 있었고, 자신의 믿음을 고백하며 그분께 경배를 드릴 수 있게 된다(9,35-38).

구절
풀이

9,1

태어나면서부터 눈먼 이의 이야기는 각 복음서에 들어 있는 다른 눈먼 이의 치유 이야기를 떠올려 준다. 그러나 요한 복음서가 전하는 이 이야기는 다른 복음서들의 이야기들과 비교할 수 없는 매우 독창적인 면을 지니고 있다. 마르 10,46-52이 전하는 예리코의 눈먼 이와는 달리, 요한 복음서에 나오는 눈먼 이는 예수에게 그 어떤 것도 요구하지 않는다. 그런데도 이 사건을 이끌어 가고 있는 사람은 다름 아닌 예수다. 길을 지나가던 이도, 또 그 눈먼 이를 본 이도 바로 예수였다. 게다가 여기에서 사용되고 있는 동사들은 제자들의 소명 이야기에서 사용된 동사들과도 일치한다. "예수님께서 갈릴래아 호숫가를 지나가시다가, 호수에 그물을 던지고 있는 시몬과 그의 동생 안드레아를 보셨다"(마르 1,16). "그 뒤에 길을 지나가시다가 세관에 앉아 있는 알패오의 아들 레위를 보시고 …"(마르 2,14). 그뿐 아니라, 마르코 복음서의 눈먼 이 치유 이야기와는 달리 요한 복음서는 예수가 치유해 준 그 눈면 이의 이름조차 밝히지 않는다. 우리가 그에 대해 알 수 있는 건, 그가 태어나면서부터 눈이 멀었다는 사실뿐이다. 이 때문에 옛 성경 주석가들은 이 태어나면서부터 눈먼 이에게서 유전학적으로 보는 것이 불가능해진 인류, 곧 하느님을 바라보고 그분을 알아볼 수 있는 능력이 전혀 없는 인류의 모습을 보곤 했다. 그리고 위에서 말한 것처럼, 이 태어나면서부터 눈먼 이의 치유 이야기는 누군가를 눈여겨보는 시선으로부터 시작된 제자들의 소명 이야기, 곧 예수가 제자들을 부르는 이야기와 많은 면에서 일치한다.

9,2-3

제자들이 던지고 있는 질문은 분명 이 장면의 중심에 자리 잡고 있는 핵심 문제를 가리키고 있다. '태어나면서부터 눈먼 이 사람이 당하고 있는 고통과 질병의 원인은 도대체 무엇인가?' 이것이 제자들의 질문이다. 이에 대한 답을 찾기 위해 제자들은 '원인과 결과'라는 연결고리 안에서 그 태어나면서부터 눈먼 이가 태어난 시점을 기준으로 가까운 과거와 미래를 추적해 나간다. 고고학(시간에서 사건의 첫 순간을 찾아가는 방법)이나 과거로 역행하는 방법(현재와 미래를 설명해 줄 수 있는 단서들을 과거에서 찾아내는 방법)들을 동원하여 그 원인을 찾고자 하는 것이다. 이러한 제자들의 질문과 그들이 지니고 있을 것으로 추측되는 사고방식은 심리학 분야에서 사용되고 있는 치료 과정과 비슷해 보인다. 그러나 예수는 이와는 전혀 다른 방식으로 행동한다. 예수의 말에 의하면, 현재는 더 이상 과거에 의해 규정되는 것이 아니다. 나아가 예수는 고통 안에서 이루어지고 있는 하느님의 일을 드러냄으로써 그 고통의 미래를 긍정적인 방식으로 새롭게 열어 주고 있다. 따라서 이제 그 사람이 눈이 멀었다는 사실 자체가 하느님께서 그 안에서 당신의 창조 계획을 이루어 낼 수 있는 장소가 된다. 이렇게 예수는 고통받고 있는 그 눈먼 이의 미래를 열어 주는 행동을 통해 자신을 이 세상의 빛으로 드러내 보여 준다(Y. Simoens).

9,6

여기에 사용된 그리스어 동사 '에피크리에인'(ἐπιχρίειν)은 - 많은 증거 자료에 의하면 - '바르다'라는 뜻만 가진 것이 아니라, '기름을 바르다'라는 뜻도 함께 지닌다. 중세 교부 성경 주석가들은 대부분 이 단어가 상기시켜 주는 기름 부음의 이미지를 통해 실로암 연못에서 이루어진 태어나면서부터 눈먼 이의 세례에 이어질 행위, 곧 성사적으로 그리스도를 상징하는 기름 붓는 행위를 떠올렸다. 그리고 이렇게 해서 '빛으로 새로 태어난 자'(빛을 통해 눈을 뜬 자)가 바로 세례를 가리키는 고유한 용어가 되었다(R. E. Brown).

9,7

예수가 시작한 하느님의 일은 인간의 협력 없이, 다시 말해 - 여전히 눈이 멀어 볼 수는 없지만 - 실로암 연못을 향해 파견되는 그 눈먼 이의 협력 없이는 완성될 수 없다. 이처럼 눈이 먼 상태와 다시 볼 수 있게 되는 상태 사이에는 믿음으로 이루어지는 행동이 존재한다. 눈먼 이는 그렇게 예수를 믿는다. 그리고 볼 수는 없지만 예수를 믿고 예수가 가리킨 곳을 향해 발걸음을 옮긴다. 사실 우리는 "보이는 것이 아니라 믿음으로 살아가기 때문입니다"(2코린 5,7).

9,8-12

예수가 하라고 한 일을 다 마쳤을 때, 태어나면서부터 눈먼 이는 드디어 눈을 뜨게 된다.

볼 수 있게 되었다는 것은 믿음이 완성되었다는 것을 의미한다. 삶에서 겪게 되는 수많은 어려움 가운데에서도 우리는 이것을 반드시 기억해야만 한다. 그 어려움들이 우리 삶의 여정 중에 이러한 확신을 가로막고 방해한다 하더라도 말이다. 실제로 믿음의 여정에는 반드시 시련들이 따라오기 마련이다. 치유된 눈먼 이가 맞닥뜨려야만 했던 첫 번째 충격적인 사실은 자기 주위에 있던 사람들, 곧 멀쩡한 눈으로 세상을 보던 이들이 실제로는 보지 못하는 눈먼 사람들이라는 것이었다. 태어나면서부터 눈먼 사람으로 그를 알고 있던 이들이 이제 치유된 자신 앞에서 그를(치유된 자신을) 더 이상 알아보지 못하고 있기 때문이다. 그러나 반대로 눈이 멀었던 그는 이제 그들을 알아본다. 치유된 눈먼 이는 더 이상 다른 사람의 도움이나 의견에 의존하지 않는다. 자신 안에 도달한 빛이 그에게 시력과 함께 자기 자신을 회복시켜 주었기 때문이다. 그 빛으로 인해 그는 이제 자기 자신을 이해하고 삶을 깨달을 수 있는 능력을 지니게 되었다. 더 이상 예전처럼 볼 수도, 이해할 수도 없던 것들 때문에 다른 이들에게 구걸할 필요가 없어진 것이다. 이제 그는 자신을 둘러싸고 있는 사람들에게 자신이 누구이며, 실제로 무슨 일이 자기에게 벌어졌는지를 확실하게 이야기할 수 있게 되었다. 그래서 그는 목소리를 높여 다음과 같이 말한다. "내가 바로 그 사람입니다." "그러면 당신은 어떻게 눈을 뜨게 되었소?" 사람들의 이 질문에 그는 시력을 다시 되찾았다는 기쁨을 친구들과 함께 나눌 수 있다는 감격에 벅차 "예수님이라는 분이" 어떻게 자신의 눈을 뜨게 해 주었는지에 대해 이야기한다. 예수를 만난 이후에 그가 다시 보게 되었다는 것을 이야기하는 것이다. 그러나 "그 사람이 어디 있소?"라고 사람들이 그에게 다시 질문을 던지자, 그는 다음과 같이 시인할 수밖에 없었다. "모르겠습니다." 그를 고쳐 주신 분이 이미 사라져 보이지 않았기 때문이었다. 그 치유된 눈먼 이 둘레에는 무슨 일이 일어났는지를 전혀 이해하지 못하는 오래된 친구들과 지인들만이 남아 있을 뿐이었다.

9,13-23

사람들은 전에 눈이 멀었던 그 사람을 바리사이들에게 데리고 가고, 바리사이들은 그에게 다시 질문을 던지기 시작한다. 바리사이들이 – 이해할 수 없게도 사건의 현장에서 사라져 버린 – 예수에 대해 가지고 있던 분명한 적대감에도 불구하고, 치유된 눈먼 이는 아무런 두려움 없이 시련을 통해 자신이 얻게 된 내면의 깨달음을 용기 있게 증언하기 시작한다. 내 눈을 뜨게 해 주신 "그 분은 예언자이십니다." 바로 이 시점에서 유다인들은 그 치유된 눈먼 이의 신원에 의심을 품기 시작하고, 마침내 그의 부모를 불러 질문을 던진다. 그러나 그의 부모는 겁에 질려 버리고 만다. 예수를 그리스도로 인정하고 받아들인 사람은 그가 누구든 회당에서 쫓아낸다고 유다인들이 이미 결정했기 때문이다. 눈이 멀었던 사람의 부모는 회당에서 쫓겨나지 않기 위해 애를 쓰며, 이 사건의 진실에 휘말려 들지 않으려고 자기 자식과도 거리를 두고 행동하기 시작한다. 이것을 보면서 치유된 눈먼 이는 그가 얻게 된 빛이 그에 걸맞는 값을 그에게 요구하고 있다는 사실을 깨닫는다. 그는 이제 막 눈을 뜨고 세상을 볼 수 있게 되었지만, 이미 진리가 이 세상에 속하는 것이 아님을 깨닫게 된 것이다. 테르툴리아노 교부가 말했던 것처럼 진리는 이처럼 언제나 증오와 미움을 받는다.

모든 시대 순교자들의 삶이 가르쳐 주고 있듯이, 그에 걸맞는 값을 요구하지 않는 진리는 거짓일 뿐이다. 빛을 향해 눈이 열렸을 때 그 눈은 자신의 눈물로 그 값을 치러 내야만 한다. 눈물을 거부한다는 것은 결국 어둠 속에 머문다는 것을 의미한다.

9,24-25

치유된 눈먼 이는 하나의 갈림길 앞에 선 자신을 발견한다. 자신을 찾아온 빛을 배반한 채 자신에게 일어난 분명한 사실을 부인하고 거부할 것인가? 아니면 그 빛 속에 머물면서 오래되고 낡은 세상의 압력을 거부할 것인가? 이제 그는 선택해야만 한다. 동료들과 함께 머물 수 있는 어둠을 선택할 것인가? 아니면 혼자 남게 될 빛을 선택할 것인가? 그의 부모는 이 갈림길에서 이미 자신들의 선택을 결정지었다. 그러니 이제 그의 차례가 온 것이다. 바리사이들은 협박과 강요로 그에게 압력을 가하기 시작한다. 일어났던 일들의 사실 관계를 다시 묻고 있지만, 바리사이들은 그 치유된 눈먼 이가 자기들이 요구하고 원하는 대답만을 들려주길 바라고 있을 뿐이다. "하느님께 영광을 드리시오. 우리는 그자가 죄인임을 알고 있소." 바리사이들은 자신들이 예수가 죄인이라는 것을 알고 있다고 강조하면서 그 치유된 눈먼 이에게 그로부터 받은 치유를 부인하라고 요구하고 있는 것이다. 이렇게 그들은 치유된 눈먼 이에게 옛 동료들과 함께 머물 수 있기 위해서는, 유다 공동체에 계속 남아 있기 위해서는 윗선에서 주입한 상황 인식을 그대로 받아들여야 한다고 강요한다. 그러나 이러한 압박 앞에서 치유된 눈먼 이는 자신이 직접 경험한 사실, 곧 결코 부정할 수 없는 진실을 선택하기로 결심한다. "그분이 죄인인지 아닌지 저는 모르겠습니다. 그러나 이 한 가지, 제가 눈이 멀었는데 이제는 보게 되었다는 것은 압니다." 그가 개인적으로 체험한 진실이 바로 여기에 있다. 그 진실이 사회적으로 공유되고 인정된 것은 아니라 하더라도, 자기 자신이 직접 체험한 것이기에 그는 그것을 부인하거나 포기하지 않는 것이다. 사람들 사이의 관계성과 애정, 편한 삶으로의 유혹, 그리고 거기에서 오는 이익이 거대하다 할지라도 그것이 진리의 빛을 흐리게 하거나 일어난 사건의 진실을 바꿀 수는 없다.

9,33-34

함께 모여 있는 군중(이것이 회당을 뜻하는 그리스어 '쉬나고게' συναγωγή의 어원이다) 앞에서 – 이 군중은 두려움과 걱정, 염려와 불안으로 가득 차 있으며, 그 때문에 진리의 빛에도 무감각해진 사람들이다 – 치유된 눈먼 이는 이제 그가 받은 빛의 힘으로 그들의 생각과 전혀 다른 사실을 외치기 시작한다. 집단적으로 주입되고 세뇌되고 있는 신념을 거슬러 자신의 삶에서 이루어진 진리를 주장하겠다고 다른 선택을 한다. 그렇게 그는 예수가 자신을 위해 한 일들을 선포하기 시작한다. 일어난 일들을 되묻는 바리사이들 앞에서 그는 경험으로부터 깨닫게 된 진리를 바탕으로 자신의 개인적인 확신을 다음과 같이 분명하게 표현한다. "그분이 하느님에게서 오지 않으셨으면 아무것도 하실 수 없었을 것입니다." 여기에서 이들이 나누고 있는 대화를 법적 소송 차원에서 바라볼 때, 치유된 눈먼 이가 한 이 말은 항소의 가능성조차 없이 이미 유죄 선고를 받은 예수를 변호해 주는 증언이 되는 셈이다. 그러나 진리에 대한 눈먼 이의 이 증언은 그의 삶을 수난과 박해로 이끌어 간다(증언을 뜻하는 '마르튀리아' μαρτυρία 에서 '순교'라는 말이 나온다. 진리와 신앙을 증언하는 것이 곧 순교다). "그러자 그들은 '당신은 완전히 죄 중에 태어났으면서 우리를 가르치려고 드는 것이오?' 하며, 그를 밖으로 내쫓아 버렸다."

자신을 치유해 준 빛에 충실했건만, 이제 그는 옛 동료들, 곧 유다 공동체에서 쫓겨난 자신을 발견하게 된다. 그렇다고 해서 그가 홀로 내팽개쳐진 것은 아니었다. 눈먼 이가 밖으로 내쫓겼다는 말을 들은 예수가 그를 만나고 계시기 때문이다(9,35). 치유된 눈먼 이는 마침내 예수의 얼굴을 정면으로 바라볼 수 있게 되었다.

이제 그는 빛 속에 온전히 잠기게 되었고, 해가 떠오르면 안개가 사라져 가듯 그렇게 자신 안의 수많은 의심을 거둬낼 수 있게 되었다. 믿음이 드디어 그의 여정을 완성시켜 주고 있는 것이다. 용광로의 불이 금을 정련시키듯 자신을 정화시켜 주었던 그 시련의 시간은 지나갔다. 시련의 시간을 거치면서 그는 자신이 처음 만났던 그 빛을 기억 속에 새겨 넣을 수 있었고, 이제는 그 빛으로 나아가겠다는 자유로운 결정과 선택으로 자신 안에 그 빛을 더욱 키워 내고 있는 것이다. 적대감이 지배하고 있는 어두움 속에서 그의 삶은 빛에 대한 증언이 되었다. 이렇게 그는 스스로 어두움 속에서 빛나는 하나의 빛이 되었다.

9,35-37

회당에서 쫓겨난 눈먼 이, 옛 동료들로부터 무시당하고 부정당한 그 눈먼 이는 실로암 못에서 물에 깊이 잠겼던 자였다. '우리는 그리스도와 함께 죽었습니다'(로마 6,8 참조). 그러나 이 죽음은 예수와의 새로운 만남, 그분의 새로운 현존으로 표현되는 전혀 새로운 생명, 새로운 삶의 전주곡이었다. "너는 사람의 아들을 믿느냐?" 이 질문에 그는 다음과 같이 말한다. "선생님, 그분이 누구이십니까? 제가 그분을 믿을 수 있도록 말씀해 주십시오." 그러자 예수는 "너는 이미 그를 보았다. 너와 말하는 사람이 바로 그다"라고 대답한다. 고통과 시련을 통해 정화된 믿음은 마침내 그 치유된 눈먼 이에게 죽고 부활하신 주님('퀴리오스' κύριος)을 볼 수 있는 눈을 열어 준다. "너는 이미 그를 보았다." 여기에서 사용된 현재완료형 동사('헤오라카스' ἑώρακας는 '보다'라는 뜻을 지닌 '호라오' ὁράω 동사의 현재완료 2인칭 단수)는 과거에서 시작되었지만, 그 결과가 지금 현재에까지 영향을 주어 새로운 시각을 갖게 되었다는 것을 가리킨다. 그 믿음이 이제 그의 과거 역사를, 그리고 그 안에서 가장 어두웠던 순간들을 비춰 주고 있다. 이것이 바로 그 치유된 눈먼 이의 파스카, 곧 부활이다. 실제로 그가 마지막으로 우리에게 들려주는 신앙고백은 분명히 부활을 떠올리게 하는 어조를 띠고 있다. "주님, 저는 믿습니다." 그리고 그는 예수에게 꿇어 경배를 드린다.

9,38

치유된 눈먼 이가 이 이야기의 무대에서 사라지기 전 마지막으로 보여 주는 행동, 곧 '꿇어 경배하다'(προσκυνέω)라는 동사는 같은 복음서 4,20과 그 이후에 이어지는 이야기에서 이스라엘 백성이 예배를 드릴 때 하는 행동을 가리키는 동사와 동일하다. 예수는 사마리아 여인에게,

사마리아와 예루살렘에서 드리는 예배가 진리와 영 안에서 아버지 하느님께 드리는 예배에 의해 폐지될 것이라고 말한 적이 있었다. 예수가 바로 그 아버지 하느님의 현존을 확인할 수 있는 새로운 성전이 된다. 이전에 눈이 멀었고, 이제는 죄인처럼 회당에서조차 쫓겨난 그 사람은 예수라고 하는 새로운 성전, 곧 사마리아 여인에게 예고되었던 진리와 영 안에서 예배를 드리는 그 성전을 만나게 되었다. 그리고 예수에 대한 믿음으로 그 눈먼 이는 하느님을 참되게 예배하는 이들 가운데 한 사람이 된다(J. Mateos-J. Barreto). 낡고 오래된 문들이 자신 뒤에서 모두 닫혀 버렸을 때, 눈으로 직접 보지는 못했지만 자신을 낫게 해 준 그 예수라는 인물에 대한 눈먼 이의 믿음과 충실함은 그에게 또 다른 새로운 문을 열어 주었다. 그 새로운 문이란 바로 예수 그분을 가리킨다. "내가 진실로 진실로 너희에게 말한다. 나는 양들의 문이다"(10,7). 그 문을 통해 그 눈먼 이는 구걸하며 살아가던 옛 삶에 대해서는 죽고, 이제 빛의 자녀로 자유롭게 새로 태어났다는 기쁨을 누리고 있다.

삶 속에서 되새기기

우리는 종종 제자들이 가지고 있던 시선으로 세상을 바라보려는 경향에 사로잡힌다. 삶에서 부딪치는 어려움과 질병 앞에서 그 책임이 누구에게 있는지를 먼저 찾으려 하는 것이다. 그러나 예수는 다른 방식으로 이것에 접근한다. 예수에게 삶의 어려움과 질병은 다름 아닌 하느님의 능력이 드러나야만 하는 장소이다. 그렇다면 우리는 과연 삶에서 겪는 실패와 좌절, 질병과 어려움을 어떤 눈으로 바라보고 있는가?

누군가에게 또는 무엇인가에 어둠이 드리워지면, 그 어둠이 사람이나 사물이 가지고 있던 색채와 열정을 모두 덮어 버려 결국 누구도 알아볼 수 없는 것이 되고 만다. 모든 사물이 가지고 있는 특별함과 독특함을 어두움 속에 묻어 모든 것을 똑같이 어두움으로 만들어 버린다는 것이다. 그러나 빛은 그와 정반대로 모든 것을 비추어 그것이 지닌 특별한 개성을 회복시켜 준다. 빛이 비치면 모든 사물은 눈에 보이게 될 뿐만 아니라 그 사물 자체가 빛과 색채와 열정의 또 다른 전달자가 된다. 태어나면서부터 눈먼 이에게 예수를 만난 일은 바로 이러한 빛의 체험이었다. 우리가 속해 있는 공동체는 그런 빛 속에서 살고 있는가? 밤과 같은 칠흑의 어두움을 살고 있다고 말할 수는 없겠지만, 혹시 빛보다는 어두움에 더 가까운 어슴푸레함을 선호하고 있지는 않은가? 우리 공동체의 모든 사목 활동이 과연 사람들을, 위에서 말한 그 빛으로 인도해 주고 있는가?

이제 막 치유되고 시력을 되찾은 이는 정작 그 치유된 눈으로 자신을 고쳐 준 이를 볼 수가 없었다. 그래서 사람들이 그에게 "그 사람이 어디 있소?"라고 물었을 때, 그는 "모르겠습니다"라고 대답해야만 했다. 치유된 눈먼 이의 주위에 이렇게 다시 어두움의 그림자가 짙어지고 있다. 무슨 일이 일어났는지, 게다가 치유된 이가 태어나면서부터 눈먼 사람인지 아닌지도 전혀 이해하지 못하는 그의 오랜 친구들과 지인들의 낯선 행동이 그를 다시 밤의 어두움 속으로 끌어내리고 있는 것이다. "어찌하여 저를 버리셨습니까?"라고 태어나면서부터 눈먼 이가 외치고 있는 것처럼 보이기까지 한다. 도이치의 루페르토는 사람들이 치유된 눈먼 이에게 묻는 질문에서, 유배를 떠난 자들의 다음과 같은 고통스런 울부짖음이 울려 퍼지고 있다고 말한다. "사람들이 제게 온종일 '네 하느님은 어디 계시느냐?' 빈정거리니 낮에도 밤에도 제 눈물이 저의 음식이 됩니다"(시편 42,4). 그렇다면 우리는 신앙의 시련 앞에서 어떻게 행동하고 있는가?

우리는 우리 눈에서 흘러내리는 눈물을 은총으로 받아들이고 있는가? 그 눈물이야말로 우리의 눈이 빛을 보고, 그 빛으로 나아가기 위해 치러내야만 하는 대가라는 것을 깨닫고 있는가?

인간이 자연의 빛 속에서 겪게 되는 경험은 하느님에 대한 체험과 그 결과로 내딛게 되는 신앙의 발걸음에 대한 근본적인 표징이 되어 준다. 실제로 낮 동안에 환한 빛이 비추는 것처럼 하느님에 대한 인식 역시 밤보다는 낮에 더 잘 이루어진다. 그러나 태어나면서부터 눈먼 이의 이야기에서처럼 적대감과 대립이 가득한 밤 역시 신앙의 여정에서 만나게 되는 필연적인 순간이다. 태양의 섬광이 밤의 어두움 속으로 꺼져 가면, 그 빛에 대한 내면의 기억이 불타오르기 시작한다. 이처럼 치유된 눈먼 이는 커져만 가는 적대감 속에서 예수에 대한 믿음, 곧 예수가 바로 주님이신 메시아라는 자신의 개인적인 신앙고백을 성숙시켜 나간다. 이렇듯, 빛에 대한 경험과 동일한 방식으로, 하느님의 현존에 대한 인식이 자꾸만 사라져갈 때 그분에 대한 경험 역시 우리의 기억 속에서 내면화되기 시작한다.

이처럼 저녁이 다가오고 어두움이 내려앉는다 해도 빛을 향한 발걸음은 결코 중단되지 않는다. 오히려 낮의 빛(오래된 전승에 따르면 낮의 빛은 곧 예수 그리스도의 빛을 가리킨다)으로 빛나게 된 생명의 생동감과 그 빛의 색깔에 대한 기억으로 발걸음은 내면화된다. 그리고 이러한 기억은 그 빛이 새벽에 다시 되돌아올 것이라는 기다림과 희망이 되어 준다. 예수를 만나면서 기억 속에 점화된 이 불꽃은 그 사람의 온전한 내적 동의를 거쳐 진리에 대한 거대한 화염으로 커져 나간다. 그리고 이 불꽃은 그의 구체적인 선택과 행동을 통해 점진적으로 자신과 세상 안에 스며들게 된다. 사도 바오로는 필리피 신자들에게 보낸 서간에서, 악하고 비뚤어진 세대 가운데에서 세상의 등불처럼 빛을 내라고 권고하고 있다(필리 2,15). 교부들 역시 "밤의 어두움이 하늘의 별들을 가릴 수 없듯이, 이 세상의 사악함 역시 성경의 말씀을 통해 굳건하게 된 하느님의 충실한 종들의 정신을 결코 어둡게 할 수 없다"고 말하곤 했다. 따라서 어두움 속에서, 반대와 적대감 속에서 믿음을 간직한다는 것은 자신의 온 삶을 다해 밤의 한가운데에 하나의 빛을 밝히는 것을 의미한다. 바로 이것이 태어나면서부터 눈먼 사람의 치유 이야기가 그리스도인들의 영성에 전해 주고자 하는 가장 어려우면서도 동시에 가장 유익하고 풍요로운 가르침 가운데 하나라고 말할 수 있다. 우리가 겪게 되는 시련의 순간에 이 이야기의 전체적인 빛 속에서 그 눈먼 이가 경험했던 어두움, 곧 멀리 사라져 버린 예수의 부재를 다시 기억하고 상기시켜 보도록 하자. 우리는 과연 우리의 어두운 밤을 어떻게 살아 내고 있는가? 그 밤의 어두움 한가운데서 우리는 믿음의 빛을 다시 점화하고 있는가? 아니면, 희망의 빛을 꺼뜨리고 있는가? 시련의 순간이 우리와 하느님의 연결 고리, 교회와의 결속 관계를 침몰시키고 파괴하는 거대한 암초가 될 수도 있겠지만, 동시에 우리가 지닌 믿음과 신앙의 삶을 더욱 새롭고 풍요롭게 만들어 줄 고통으로 가득 찬 자궁이 될 수도 있지 않겠는가?

스테파노 비올리 신부

Don Stefano Violi

제7장

라자로의 소생

너는 이것을 믿느냐?

요한 복음서에 나오는 믿음의 울림

라자로가 무덤에서 해방되었다면,
그것은 예수가 바로 그 무덤에 들어갔기 때문이다.
우리는 이 은총의 고귀한 대가代價를 더욱 주의 깊게 되새겨야 한다.
우리가 죄를 지었음에도 지옥의 깊은 심연에 빠지지 않고,
그곳에서 나올 수 있도록
하느님께서는 당신의 사랑하시는 아들을 내어 주신 것이다.

둘러보기

　　　　　　　라자로의 소생(11,1-53)은 예수의 공생활에서 마지막 표징이자 가장 큰 표징이다. 복음서 전체 맥락을 고려해 보면, 복음사가가 마지막 표징 사건을 이 지점에서 이야기함으로써 그 의미의 근본적 중요성을 전하려 한다는 것을 알 수 있다. 이 이야기 바로 앞에 나온 대목은 성전 봉헌 축제의 막바지로서 예수가 공생활 가운데 한 일들에 대한 하나의 간략한 평가이다(10,40-42). 거기에서 복음사가는 "많은 사람"이 예수가 한 일들을 보고 예수에 관한 세례자 요한의 증언(1,19-39)이 정녕 사실이라고 고백하며 "예수를 믿었다"고 전한다. 이렇게 복음서 전반부를 요약하려는 듯한 앞 대목의 어조를 통해 이제 예수의 표징들이 끝났고 마지막이자 가장 큰 표징을 곧 만나게 될 것을 예측할 수 있다. 또 라자로의 표징은 예수가 기다리고 있는 때와 관련하여 중요한 예언적 성격을 지닌다. 이 표징 사건이 있고 난 뒤에 최고 의회를 관장하는 대사제 카야파가 한 말은 이와 관련하여 시사하는 바가 크다. "온 민족이 멸망하는 것보다 한 사람이 백성을 위하여 죽는 것이 여러분에게 더 낫다는 사실을 여러분은 헤아리지 못하고 있소"(11,50). 라자로의 표징은 예수의 파스카 사건에 대한 예언인 것이다.

라자로의 소생 이야기는 여러 대화로 얽혀 있다. 그리고 그 대화에는 제자들, 베타니아의 가족 – 특히 이 가운데 마르타가 중요한 역할을 한다 – , 마르타와 마리아를 위로하기 위해 온 많은 유다인, 라자로, 이처럼 다양한 사람이 등장한다. 그런데 여기서 라자로는 그 어떤 적극적인 역할도 하지 않고 그저 예수가 하는 일에서 최대의 수혜자로만 묘사된다. 또한 이 대화들을 살펴보면 '요한 복음서의 특징 가운데 하나인 아이러니'[24]를 발견하게 된다. 그리고 그것이 이야기의 흐름에서 극적인 효과를 살리는 동시에 모순된 태도와 상황을 보여 준다. 곧 한쪽에서는 신앙으로 고취된 이들이 동요하고 흥분하는 반면 다른 한쪽에

---

[24] 각주 5 참조.

서는 부패되어 가는 시신 앞에서 걱정하고 비탄에 빠져 있는 것이다. 사실 많은 경우 사랑하는 사람의 죽음을 경험하게 되면 남아 있는 사람들은 시계추처럼 왔다 갔다 하는 복잡하고 미묘한 감정을 느끼기 마련이다.

이야기의 전반부(1-16절)는 예수와 제자들 사이의 대화로 구성되어 있는데, 제자들은 앞으로 어떤 일이 벌어질 것인지를 깨닫지 못한다. 이야기의 중심부는 마르타와의 만남(17-27절), 마리아와 베티니아로 달려온 이들과의 만남(28-37절)으로 구성되어 있다. 그리고 예수가 무덤에 가서 라자로를 살리는 장면(38-44절)이 이어지고, 마지막으로 최고 의회가 예수를 죽이기로 결의하는 장면이 나온다(45-53절).

구절풀이

11,1-16

이야기는 예기치 못한 상황에서 갑자기 라자로와 그의 두 자매를 소개하는 것으로 시작된다. 루카 복음서는 전혀 다른 맥락에서 두 자매를 언급하는데(루카 10,38-42), 요한 복음에서는 처음으로 가족 전체가 등장한다. 이 이야기의 흐름에서 뚜렷하게 발견되는 모순이 하나 있다. 복음사가는 이야기의 앞부분에서 독자들에게 마리아를 예수의 발에 향유를 부은 여인이라고 먼저 소개하는데(2절), 사실 향유를 붓는 일은 라자로의 소생 사건 전에 벌어진 것이 아니라 오히려 그 이후에 벌어진 일이다(12,1-8). 한편 요한 복음사가는 예수와 베타니아 가족 사이의 관계를 동사 '사랑하다'(ἀγαπάω 11,5)로 표현한다. 라자로는 예수가 '사랑하는' 친구인 것이다. 요한 복음사가가 굳이 이 동사를 활용하면서 예수의 헌신적인 사랑을 묘사하고 있는 것을 소홀히 보아서는 안 된다. 그 사랑은 자기 자신을 온전히 내어 주는 선물이 될 것이다. 왜냐하면 절대적이고 무조건적으로 주는 바로 이 사랑 때문에 예수는 자신에게 들이닥칠 위험을 감수하면서까지 베타니아로 가기 때문이다. 라자로의 이야기에 바로 앞서 예수는 착한 목자에 대해 가르쳤는데, 그때 그는 착한 목자는 양들을 위해 목숨을 내놓는다고 말하였다(10,11.17). 예수의 친구인 라자로는 바로 그 양들 가운데 하나인 것이다.

 라자로의 소식에 대한 예수의 반응(4절)은 친구 라자로를 통해 예수가 하게 될 일이 신학적으로나 영적으로 어떤 의미를 담고 있는지를 독자들에게 알려 주는 역할을 한다. 이 일은 하느님과 아들의 영광이 드러나기 위한 것이다. 따라서 라자로의 소생 사건이 영광의 표징이라는 사실은 예수의 모든 활동을 새롭게 조명토록 하며, 나아가 이 표징 사건을 갈릴래아 카나에서의 첫 표징과 연관하여 바라보게 한다. 카나에서도 예수는 표징을 통해 자신의 영광을 드러내어 제자들로 하여금 자신을 믿도록 이끌었다(2,11). 그리고 이렇게 표징을 통해 영광이 드러나는 계시적 차원은 예수가 십자가에 들어 올려질 때 절정에 이른다. 다시 말해서 라자로의 표징은 그 절정의 순간에 대한 전조前兆라 할 수 있는 것이다.

스승과 제자들 사이에 진전되는 대화(4-16절)는 아이러니의 백미 가운데 하나이다. 예수는 라자로가 중병을 앓고 있다는 소식을 듣고도 이틀이 지나서야 베타니아에 가기로 결심한다. 반면 제자들은 스승이 그곳으로 가면 죽을 수도 있는데 이를 간과하고 있다고 항변한다. 그런데 예수에 따르면 지금은 낮이다. 빛이 비치는 시간이다. 이는 초막절에 그가 장엄하게 선포한 말을 상기시킨다. "나는 세상의 빛이다"(8,12). 지금이야말로 하느님의 영광이 드러나기에 적절한 시간인 것이다. 한편 라자로는 정확히 어떤 상태인가? 단지 잠을 자고 있어서 깨워 주어야 하는 것인가, 아니면 정녕 죽은 것인가? 그가 죽었다면 도대체 무엇을 할 수 있다는 말인가? 예수는 라자로의 죽음을 마치 깨울 수 있는 잠인 것처럼 말하는데, 라자로가 죽었다는 것을 몰랐던 제자들은 이런 스승의 말을 듣고 이제 곧 그의 병이 나을 것이라고 여긴다. 그리고 토마스는 마치 유다를 향한 이 여정이 예수가 죽기 전 행하는 마지막 임무인 것처럼, 예수와 함께 죽으러 가자고 말한다. 이 대화 장면은 회당장 야이로의 딸이 죽었을 때 사람들이 큰 소리로 울며 탄식하는 것을 보고 예수가 한 말을 떠올리게 한다. "저 아이는 죽은 것이 아니라 자고 있다"(마르 5,39). 죽음이 불가역적이고 최종적인 어떤 것이기는 하지만, 예수가 그 자리에 있다면 그것은 그저 잠일 뿐이다.

11,17-27

예수와 마르타의 만남이 이 이야기의 핵심이다. 예수가 베타니아에 도착했을 때는 이미 친구 라자로가 무덤에 묻힌 지 나흘이나 지난 후였기에, 예수는 라자로에게 아무런 도움이 되지 못하는 것처럼 보인다. 마르타의 말(21절)에는 ─ 나중에 마리아의 말(11,32)에서도 반복되는 ─ 라자로에 대한 소식을 듣고도 이틀 뒤에야 베타니아로 내려온 예수에 대한 책망이 담겨 있다. 그를 사랑하였으면서 어떻게 아픈 친구 곁으로 즉시 달려오지 않을 수가 있었단 말인가? 무덤 주위에 있던 유다인들은 예수의 이러한 처신을 두고 더욱 노골적으로 비난한다. "눈먼 사람의 눈을 뜨게 해 주신 저분이 이 사람을 죽지 않게 해 주실 수는 없었는가?"(11,37)

병든 라자로는 죽었고, 무덤에 묻힌 지 나흘이나 되어서, 이미 냄새를 풍기고 있다. 그의 운명이 이미 결정되었다고 단언할 수 있는 것이다. 그럼에도 마르타는 예수가 하느님께 청하기만 하면 어떤 것도 불가능하지 않다는 사실을 자신이 알고 있다고 고백한다. 또 마지막 날에 죽은 이들이 부활한다고 믿고 있던 이스라엘 백성의 신앙을 자신 역시 키워 왔다고 말한다. 그러나 그녀 안에는 이보다 더한 믿음이 있어야 한다. 예수는 대화를 통해 마르타가 자신의 믿음을 더 공고히 하고, 유일하고도 장엄한 신앙고백까지 할 수 있도록 이끈다(27절). 이것은 예수가 카파르나움 회당에서 생명의 빵에 대해 가르친 뒤에 베드로가 했던 고백(6,69)과 비견할 만하다.

마르타에게 한 예수의 대답(25-26절)은 이 이야기의 핵심이다. 예수는 새로운 차원으로 죽음을 맞이하기 위해서는 오직 믿음만이 필요하다는 점을 알려 준다. 이 믿음에 의해서 죽음을 인간의 삶을 결정짓는 사건이 아니라, 새로운 삶으로 옮겨지는 일시적 사건으로 경험하게 되는 것이다. 예수는 두 번이나 "나를 믿는 사람은"(25ㄴ. 26ㄱ절)이라는 표현을 반복함으로써 죽음으로부터 그 어떤 위협도 느끼지 않게 하는 유일한 끈이 바로 믿음임을 강조한다. 예수의 제자는 예수를 믿고 그의 인격 안에 살아갈 때에야 죽음이라는 원수가 지닌 날카롭고 치명적인 독침을 제거할 수 있다. 예수 안에 머무를 때 죽음을 경험하고도 생명을 잃지 않을 수 있는 것이다. 예수가 열정을 다해 질문을 던진다. "너는 이것을 믿느냐?"(26ㄴ절) 마르타뿐 아니라 우리 모두는 이 질문에서 벗어날 수 없다. 이 질문이야말로 이 이야기의 핵심이자, 무엇으로도 대체할 수 없는 그리스도교 신앙의 근간인 것이다. 바오로 사도의 말처럼 부활이 없다면 우리의 복음 선포도 헛되고 우리의 믿음도 헛될 뿐이다(1코린 15,12 참조). 이 질문은 모든 인간이 시간과 주의를 기울일 만한 가치가 있는 유일하고 참된 질문이다.

11,28-37

마리아와의 만남에서는 예수가 사랑하는 친구 라자로가 병을 앓고 있었는데도 당장 달려오지 않은 것을 다시 언급하는 것 외에는 별다른 내용이 없다. 그러나 마리아와 무덤 주위에 있는 유다인들이 눈물을 흘리는 것을 예수가 목격했을 때 그가 보인 반응은 의미심장하다. 그의 마음이 북받치고 산란해진다(33절). 여기서 동사 '마음이 북받치다'(ἐμβριμάομαι)는 격한 분노로 동요된 것을 뜻한다. 예수는 자신이 라자로의 영혼을 다시 살릴 수 있는 능력을 지녔다는 사실을 사람들이 믿지 않는다는 사실에 놀라고 있는 것이다. 그러나 이어서 나오는 예수의 눈물을 통해, 예수가 사랑하는 자신의 친구가 겪은 죽음의 고통에 함께하고 있다는 사실도 알 수 있다. 바꾸어 말하자면, 죽음을 이길 수 있다는 확신의 말을 하는 동시에 사랑하는 이의 무덤 앞에서 고통을 느끼며 눈물을 흘리고 있는 것이다. 이처럼 죽음에 대해 말을 하는 것과 사랑하는 이의 무덤 앞에 서 있는 것 사이에는 커다란 간극이 있다.

11,38-44

돌을 치우라는 예수의 명령에 마르타는 당혹해한다. 부패된 시신일지라도 다시 살아날 수 있다는 사실을 아직 믿지 못하는 것이다. 앞서 마르타가 예수의 능력에 대해 조건 없는 믿음을 고백한 것이 거짓은 아니었지만, 그녀는 예수의 능력이 죽음도 굴복시킨다는 사실까지 온전히 믿지는 못하고 있다. 시계추처럼 왔다 갔다 동요하는 마르타의 모습은 우리의 신앙과도 비슷하다. 죽음이 모든 것의 마지막이라는 생각에 동의하지 않으며 예수가 죽음에 대한 우리의 초조함을 확실히 해소해 줄 것이라고 우리는 믿는다. 그러나 다른 한편으로 막상 우리와 가까운 이들에게 죽음이 들이닥치면 마음속에서 의심과 불안감이 불쑥 솟아나기도 한다.

예수가 하느님 아버지께 바치는 감사의 기도는 여전히 믿지 못하는 군중을 위한 것이다. 또 예수가 부르는 소리를 듣고 무덤 밖으로 나오는 라자로의 모습은 목자의 소리를 알아듣고 그 목자를 따라가는 양의 모습과도 같다(10,4 참조).

11,45-53

다른 표징에서처럼 라자로를 살린 이 표징 역시 예수를 믿는 이들과 완고하게 마음을 닫고서 예수를 향해 적대감을 드러내는 이들로 군중을 갈라놓았다. 최고의회를 관장하는 카야파의 말은 그의 의도와 상관없이 예수의 사명을 올바로 이해하게 해 준다. "온 민족이 멸망하는 것보다 한 사람이 백성을 위하여 죽는 것이 여러분에게 더 낫다는 사실을 여러분은 헤아리지 못하고 있소"(50절). 예수는 고난받는 종이며 하느님의 어린양으로서 이스라엘 백성만이 아니라 모든 이의 죄를 뒤집어쓴다. 이는 그의 죽음이 보편적인 구원을 가져와 흩어져 있는 하느님의 자녀들을 하나로 모으게 한다는 것을 의미한다(52절).

"그날 그들은 예수님을 죽이기로 결의하였다"(53절). 이야기를 끝맺는 요한 복음사가의 이 말을 통해 우리는 베타니아에서 벌어진 표징이 지닌 의미를 발견할 수 있다. 라자로가 무덤에서 해방된 것은 예수가 바로 그 무덤에 들어갔기 때문에 가능했던 것이다.

삶 속에서 되새기기

예수가 이룬 마지막 표징을 보고 사람들은 자기 믿음에 관한 매우 중요한 질문 앞에 서게 된다. 예수가 마르타에게 단호하게 던진 그 질문 말이다. "너는 이것을 믿느냐?" 신앙인이 겪는 모든 삶의 경험은 바로 이 질문으로 수렴된다. 이 질문을 가볍게 생각하는 것은 신앙의 참된 뜻을 놓치는 것이나 다름없다.

라자로의 이야기는 죽음의 의미를 깨닫는 것이 얼마나 어려운지를 보여 준다. 아울러 제자들이 그동안 예수를 잘 이해하지 못하고 있었고, 마르타와 마리아가 사랑하는 사람의 죽음이라는 충격적인 경험에 직면하여 큰 고통을 겪고 있었음을 잘 전해 준다. 예수 자신도 확신에 찬 모습을 보였지만 막상 친구의 무덤 앞에 서자 눈물을 흘렸다. 앞서 보았던 것처럼 그 자신이 죽음에 맞서는 말을 하면서도 정작 사랑하는 이의 무덤 앞에서는 슬픔에 찬 채 서 있을 수밖에 없었고, 그 친구를 사랑하는 이들이 겪는 고통을 바라볼 수밖에 없었던 것이다.

제2차 바티칸 공의회 문헌인 〈사목 헌장〉에서 공의회 교부들은 죽음의 신비를 다음과 같이 묘사한다. "죽음 앞에서 인간 운명의 수수께끼는 절정에 이른다. 인간은 꺼져 가는 육체의 쇠약과 고통에 괴로워할 뿐 아니라 영원한 소멸의 공포에 더더욱 괴로워한다. 바로 자기 마음의 본능에 따라 그렇게 여기는 것이다. 인간은 자기 자신의 완전한 몰락과 결정적인 파멸을 배척하고 거부하기 때문이다. 인간이 자신 안에 지니고 있는 영원의 씨앗은 한갓 물질로 환원될 수 없는 것이어서 죽음을 거슬러 일어선다"(18항).

인간은 죽음을 자신의 죄(로마 6,23)와 악마의 시기심(지혜 2,24)에 의해 빚어진 불행한 결과로 느끼며, 그러한 현실 앞에서 온갖 걱정과 불안을 겪게 된다. 세기를 거듭할수록 인간 삶의 질은 점점 좋아졌지만, 그만큼 죽음은 결코 사라지지 않는 원수로 그 모습을 점점 더 드러내 왔다.

복음서를 보면 예수조차도 자신의 죽음이 임박했던 순간 겟세마니 동산에서 극심한 고뇌에 사로잡혔다. 히브리서 저자는 이를 '큰 소리로 부르짖고 눈물을 흘리며 기도와 탄원을 올리셨다'고 그 모습을 생생하게 표현한다. 그렇게 예수는 고난을 겪음으로써 순종을 배운 것이다(히브 5,5-10). 숱한 경험을 통해 지혜를 갖춘 교회는 다양한 관계를 파괴하는 죽음을 결코 진부한 사건으로 다루지 않았다. 특히 우리가 사랑하는 사람들의 죽음을 경험해야 하는 순간에 대해서는 더욱 그러하였다. 그런데 이 고뇌에 찬 진지함 속에 그리스도교적 희망이 담겨 있다. 그 희망은 곧 믿음 안에서 인간은 죽음을 넘어설 것이라고 예수가 마르타와 마리아에게 전한 말에 토대를 둔다. 죽음은 더 이상 마지막이 아니며 충만한 완성을 향해 거쳐가는 단계일 뿐이다. 죽음은 삶을 빼앗아갈 수 없으며 오히려 그 사람을 새로운 차원으로 변화하도록 이끈다. 우리 안의 일부가 아니라 우리의 인격 전체가 무덤에서 부패되지 않고 구원을 받는 것이다.

이는 매우 비싼 값을 치르고 얻은 하나의 은총이다. 라자로가 무덤에서 해방되었다면, 그것은 예수가 바로 그 무덤에 들어갔기 때문이다. 우리는 이 은총의 고귀한 대가代價를 더욱 주의 깊게 되새겨야 한다. 우리가 죄를 지었음에도 지옥의 깊은 심연에 빠지지 않고, 그곳에서 나올 수 있도록 하느님께서는 당신의 사랑하시는 아들을 내어 주신 것이다. 바로 이 어리석은 사랑을 우리는 더 깊이 헤아려야 한다. 사실 믿음이란 하느님을 향한 우리의 사랑을 보여 주는 것이기에 앞서, 그분으로부터 우리가 사랑받고 있다는 사실을 확신하는 것이다(1요한 4,10). 죽음보다도 강하고 인간을 타락시키는 그 어떤 죄보다도 더 큰 사랑 말이다.

이제 우리가 던져야 할 질문은 오늘날 그리스도교 공동체가 과연 이러한 희망을 복음으로 선포할 수 있는가 하는 점이다. 교회가 세상을 향해 그저 인간적 가치들만을 선포한다면 이 희망이 지닌 참된 의미가 퇴색될 위험에 놓이게 된다. 물론 인간의 여러 가치 역시 중요하기는 하지만 그것들이 육신의 부활을 고백하는 우리 신앙의 특수한 단면을 보여 주지는 않는다. 우리는 믿음의 여정 안에서 궁극적 실재가 지닌 중요성을 다시 새겨야 한다. 궁극적 실재에 대한 희망은 우리 삶의 질을 향상시키는 데에 있어 걸림돌이 아니라 오히려 필수 조건이기 때문이다. 부활 사건은 미래가 아니라 현재를 위한 필수 조건인 것이다.

라자로의 소생 이야기에서 우리가 되새겨야 할 또 다른 점은 예수가 우리의 고통을 헤아릴 뿐 아니라 사랑하는 이를 잃어버린 이가 겪게 되는 가혹한 아픔에까지 동참한다는 사실이다. 그동안 많은 교회 단체가 다양한 활동을 주도해왔고 그것을 성장시켜 왔다. 그러나 여기에서 그치지 않고 계속 성장해야 할 부분이 있다면 사랑하는 이의 죽음을 겪은 사람들과 동반하는 사목적 태도일 것이다.

다만 명심해야 할 것은 그리스도교 희망과는 무관한 태도로 그들을 위로하는 경우에 체념 상태에 빠져들 유혹이 발생할 수 있다는 점이다. 이러한 일은 신앙인들 사이에서도 벌어질 수 있기 때문이다.

자코모 모란디 신부

Don Giacomo Morandi

요한 복음서에 나오는 믿음의 인물들

제8장

예수가 사랑한 제자

너는 이것을 믿느냐?

'예수가 사랑한 제자'는 그가 받은 단순한 '제자직' 이전에
이미 자신의 복음서에서 보여 준 행동과 말을 통해
예수를 진정으로 따르고 있는 참다운 제자의 모습을
보여 주고 있다고 말할 수 있다.

둘러 보기

　　　　　　　　　　예수가 사랑한 제자는 세례자 요한과 함께 요한 복음서에서 가장 특별한 위치를 차지하고 있다. 실제로 세례자 요한이 예수의 생애 첫 순간에 대한 가장 의미 있는 증인이라면, 예수가 사랑한 제자는 예수의 부활 사건에 대한 가장 강력한 증인이라고 말할 수 있다. 이처럼 요한 복음사가는 이 두 사람을 주저 없이 자신의 복음서에서 가장 중요한 인물로 등장시키며, 이들의 행동과 말을 통해 하느님의 말씀이 이 세상에 오신 사건과 그분이 지닌 영광을 이해할 수 있도록 복음서의 독자들을 이끈다.

　제2장에서 이미 언급했던 것처럼, 요한 복음사가가 세례자 요한을 중요한 인물로 다루고 있다는 사실은 복음서 서두에 나

오는 중요한 찬가에 세례자 요한을 특별한 방식으로 끼워 넣고 있다는 것에서 잘 드러나고 있다. 세례자 요한과 마찬가지로 예수가 사랑한 제자 역시 요한 복음서에서 절대적인 위치를 차지한다. 예수의 품에 기대듯 자리 잡은 마지막 만찬에서(13,23), 십자가 밑에서(19,26), 빈 무덤에서(20,3) 그리고 부활하신 예수를 알아보던 순간의 티베리아스 호숫가에서(20,3), 이처럼 중요한 대목마다 등장하며, 주님이신 예수의 부활 사건에 대한 가장 중요하고 유일한 증인이 되고 있다는 사실에서 그 제자의 중요한 역할이 잘 나타나고 있다. 이처럼 예수가 사랑한 제자는 어느 누구와도 비교할 수 없을 정도로 하느님 아들의 영광(13,31-32)에 깊이 참여하고 있다. 이 점은 더 나아가 그에 관한 이야기와 그의 증언을 담고 있는 요한 복음서 자체에도 또 다른 권위를 부여한다고 말할 수 있다. 이에 대해서는 나중에 다시 살펴보도록 하겠다.

이 글에서 우리는 '예수가 사랑한 제자가 과연 누구였는가?'라는 복잡한 질문에 대한 답을 찾기 위해 애쓰지는 않을 것이다. 단지 예수가 사랑한 제자에 관해, 요한 복음서를 연구하는 학자들과 전문가들이 고수해 왔던 세 가지 기본 입장을 설명하는 것으로 이 글의 범위를 제한하고자 한다. 그 첫 번째 입장에 따르면, 그 제자는 – 그가 누구였는지 분명하게 정의 내리는 것이 너무도 복잡한 일이라 할지라도 – 분명 역사적인 인물로 실제 존재했던 사람이다. 두 번째 입장은 첫 번째 입장과 다르게, 예수가 사랑한 제자를 단순히 상징적인 인물로 여긴다. 다시 말해서 이 제자가 특별한 믿음의 여정을 완수해 가면서 하느님의 아들에게 가까이 다가가려는 주님의 모든 제자를 암시하고 있다는 것이다. 마지막으로 세 번째 입장의 학자들은 그를 역사적인 인물이자 동시에 상징적인 인물로 여긴다. 그가 실재적인 인물이며 동시에 실재를 넘어서는 인물로, 그 자신의 구체적인 신분과 정체를 뛰어넘어 자기 자신 안에 예수의 제자가 된 참된 그리스도인을 포용하고 있는 풍요로움을 지닌 인물이라는 것이다. 이에 대해서는 '삶 속에서 되새기기' 부분에서 짧게 다시 언급할 것이다. 여기에서는 요한 복음서가 어떻게 이 예수가 사랑한 제자를 사람이 되신 말씀에 관한 증언의 직접적인 저자로, 다시 말해 제4복음서인 요한 복음서이 저자(21,24)로 만들이 내고 있는지에 대해 살펴보겠다. 이를 더욱 분명하게 설명하기 위해, 앞으로 계속해서 그를 '예수가 사랑한 제자'로 요한 복음사가와 구분하여 부르도록 하겠다. 비록 이 두 사람이 동일한 사람일 것이라는 추측이 상당히 사실에 가까울 수 있다고 평가되고 있다 할지라도 말이다.

다시 한번 예수가 사랑한 제자와 세례자 요한을 비교해 보

자. 이러한 비교가 두 사람을 더 잘 이해하는 데 큰 도움이 되기 때문이다. 복음서의 마지막 부분, 곧 21,24부터 시작해 보자. 여기에서 우리는 이 구절이 형식적인 면에서나 의미적인 차원에서 어떤 구절을 되풀이하고 있다는 것을 발견하게 된다. 그 구절은 바로 1,19이다.

> 1,19: "이것이 세례자 요한의 증언이다"(저자 직역).
>
> 21,24: "이 사람이 이러한 일들을 증언하고 또 기록한 그 제자이다"(저자 직역).

이 두 구절이 가지고 있는 유사점은 매우 분명해 보인다. 요한 복음사가가 복음서의 첫 부분에서부터 세례자 요한을 소개하며 그를 장엄하게 배치하고 있듯이, 그 복음서를 예수가 사랑한 제자의 작품으로 여기며 복음서 전체를 장엄하게 결론짓고 있는 것이다. 바로 "이것"과 "이 사람"이 – 둘 다 그리스어로는 남성 여성이 다를 뿐 같은 지시 대명사가 사용되었다(1,19: αὕτη ἐστὶν …; 21,24: οὗτός ἐστιν …) – 요한 복음서에서 두 가지의 결정적인 증언이 되고 있다. 하나는 '말'(orale)로 이루어진 증언이며, 또 다른 하나는 '글'(scritta)로 이루어진 증언이라 할 수 있다.

제2장에서 다루었던 것처럼, 세례자 요한은 복음서의 머리글(1,6-8.15)만이 아니라, 머리글과 서로 밀접하게 연결되어 있

는 세 대목의 이야기(1,19-28; 1,29-34; 1,35-37)에도 등장한다. 그리고 이 세상에 오신 예수가 누구인지를 분명하게 밝혀 주며(1-12장), 10,40에서 마지막으로 다시 언급된다. 반면 예수가 사랑한 제자는 '예수의 때'(ὥρα)[25]와 철저하게 관련된 증언을 제공한다(13,1). 그런데 13장 이전까지는 이 예수가 사랑한 제자가 의미 있게 등장하는 모습을 찾아볼 수가 없다. 비록 그 제자가 예수와 매우 가까운 사람으로 소개되었고, 게다가 어떤 방식으로든 예수와 유일하고 독특한 관계를 지닌 인물로 언급되었다 할지라도 말이다. 그 이후에도 21장에 이르기까지, 곧 제자들이 기적적으로 많은 물고기를 낚아 올린 사건과 그 사건에 이어지는 호숫가에서의 예수와 제자들의 대화(21,1-25) 이전까지 그 제자는 복음서의 무대에 잘 드러나지 않는 인물로 남아 있을 뿐이다. 어쨌든 세례자 요한이 예수의 첫 번째 오심(1,6-11)과 연결되어 있는 반면, 예수가 사랑한 제자는 하느님 아들의 두 번째이자 결정적인 다시 오심(21,22-23)에 연결되어 있다고 말할 수 있을 것이다(R. Vignolo, *Personaggi del Quarto Vangelo*).

---

[25] '예수의 때'란 십자가상의 죽음과 부활의 시점을 가리킨다. 이에 대한 자세한 설명은 '제3장 카나의 혼인 잔치와 예수의 어머니'의 2,3-4의 '구절 풀이' 부분을 보라.

선지자였던 세례자 요한의 증언과 마찬가지로, 예수가 사랑한 제자의 증언 역시 사람들을 믿음으로 이끌기 위한 것이었다(20,31; 21,24). 그러나 이 제자의 증언은, 요한의 증언과는 다르게 훨씬 더 넓은 범위의 사람들을 겨냥하고 있다. 요한 복음서를 읽고 있는, 또 읽게 될 모든 독자가 바로 그의 청중이 되기 때문이다.

다시 말해서, 우리는 서로 완벽하게 균형과 대칭을 이루고 있는 두 인물을 마주하고 있는 것이다. 그 두 인물이 지닌 중요성은 그들이 직접 겪은 경험을 미래 세대에게 전해 주고자 하는 전체적인 윤곽 안에서 그려진다. 그들이 이해한 것을 다른 이들도 이해하도록 하기 위해, 또 그들이 본 것을 다른 이들도 똑같이 볼 수 있도록 하기 위해 그들의 삶이 하나의 기준이 되고 있다는 것이다. 이처럼, 그들의 삶은 이야기 속에 등장하는 다른 인물들뿐만이 아니라, 이 복음을 읽고 있는 독자인 우리가 하늘로부터 내려온 하느님의 계시, 곧 사람이 되신 말씀을 받아들이고 믿게 하려는 데 집중되어 있다. 두 사람 모두 예수 주변에 – 복음에서뿐만이 아니라(1,35-37), 복음 밖에서까지 – 그를 믿고 따르는 제자들의 무리를 만들어 내고 그들이 견고해지도록 하는 데 공헌하고 있는 것이다. 이것은 21,24에서 '우리'라는 단어가 강조되고 있다는 것에서도 잘 드러난다.

세례자 요한과 예수가 사랑한 제자는 모두 다 '멈추어 서 있는', 그리고 동시에 '바라보는' 사람이었다. 아래 네 구절을 함께 비교해 보도록 하자.

세례자 요한

> 1,34: "과연 나는 보았다. 그래서 저분이 하느님의 아드님이시라고 내가 증언하였다."
>
> 1,35: "이튿날 요한이 자기 제자 두 사람과 함께 그곳에 다시 서 있다가"

예수가 사랑한 제자

> 19,35: "이는 직접 본 사람이 증언하는 것이므로 그의 증언은 참되다."
>
> 19,26: "예수께서는 당신의 어머니와 그 곁에 선 사랑하시는 제자를 보시고"

보는 바와 같이, 예수가 사랑한 제자의 증언이 세례자 요한의 증언보다 좀 더 조직적으로 확장되어 있는 것이 사실이다. 그럼에도 불구하고, 내용 면에서 두 사람의 증언이 서로 매우 비슷하다는 것을 발견할 수 있다. 두 사람의 증언 모두 예수가 하느님의 어린양이며, 뼈가 하나도 부서지지 않을 파스카의 참된 어린양이라는 것을 말하고 있기 때문이다(1,29.36; 19,34-37). 다시 말해 영으로 세례를 베풀어 주실 분이 곧 십자가 위에서 죽는 순간에 그 영을 쏟아 부어 주시는 분이다(1,32-33; 19,30.34). "세상의 죄를 없애시는"(1,29) 분이 다름 아닌 들어 올려진 십자가로 사람들의 시선을 끌어당기는 분이며 그들을 회개로 이끌어 주시는 분이다(19,37).

더불어, 세례자 요한과 예수가 사랑한 제자 두 사람 모두 자신들의 경험을 통찰해 냄으로써 그들의 삶의 목적을 깨닫게 된다. 그들은 이러한 통찰로 하나의 깨달음에 도달할 수 있었지만, 그 깨달음 역시 말씀의 충만함 앞에서 그들이 지니고 있었던 무지의 상태를 완전히 없애 주지는 못했다.

> 1,31.33: "나도 저분을 알지 못하였다…."
> 20,9: "사실 그들은 … 성경 말씀을 아직 깨닫지 못하고 있었던 것이다."
> 21,4: "… 그러나 제자들은 그분이 예수님이신 줄을 알지 못하였다."

두 사람의 위대한 증언이 공통적으로 가지고 있는 마지막 특징은 그 증언 안에서 그들의 모습이 최소화되고 있다는 것이다. 더 나아가 그들은 때때로 익명으로 표현되기도 한다. 그렇다고 해서 이 특징이 그들이 지닌 중요성이 작아지는 것을 의미하지는 않는다. 세례자 요한의 경우 간단하게 3,30의 말씀을 생각해 볼 수 있다. "그분은 커지셔야 하고 나는 작아져야 한다." 예수가 사랑한 제자의 경우에는, 그가 마지막 만찬뿐 아니라 십자가 밑 그리고 호숫가 근처에서 언제나 예기치 않게 갑자기 등장하고 있다는 사실을 지적해 볼 수 있다. 그가 존재하고 있다는 사실이 이 이야기들의 첫 순간부터 분명한 방식으로 언급된 적이 단 한 번도 없었다. 따라서 독자들은 예수가 사랑한 제자가 말을 시작할 때에야 비로소 그 장면에 그가 등장하고 있다는 것을 깨닫게 된다. 제2장에서 이미 언급했던 것처럼 세례자 요한은 사람들에게 세례를 베푼 자로 소개되고 있음에도 불구하고 마태오·마르코·루카 복음서와는 다르게 요한 복음서에서는 '세례자'라는 이름으로 결코 불리지 않는다. 다른 한편, 예수가 사랑한 제자는 요한 복음서에서 이름조차 언급되지 않는다. 그런데 사실 이는 우리들이 가지고 있는 문제일 뿐이다. 다시 말해, 그것이 '복음서의 저자가 누구인가?'라는 질문에 대한 답을 찾고자 하는 우리에게만 문제가 된다는 것이다. 앞으로 다시 확인하게 되겠지만, 예수가 사랑한 그 익명의 제자가 다름 아닌 복음서를 읽고 있는 독자인 우리라는 사실을 쉽게 깨닫게 될 것이다.

그 외에도, 세례자 요한이 그리스도와 혼동될 수 있는 위험에 놓여 있었던 것처럼(1,20), 예수가 사랑한 제자 역시 신화적 인물로 남게 될 운명에 놓여 있는 것처럼 보인다. 예수가 자신이 이 세상에 다시 올 때까지 그가 살아 있기를 바란다고 말하며 그에게 영생의 약속을 하고 있는 것처럼 보이기 때문이다. 적어도 요한 공동체의 구성원들은 그렇게 생각하고 있었다(21,22-23). 그러나 우리는 그가 살아남아 있으리라는 예수의 이 약속이 그 사람의 육체를 가리키는 것이 아니라, 오히려 그에 관한 책, 곧 그의 복음서를 가리키고 있는 것으로 이해할 수 있을 것이다. 이 복음서가 전하고 있는 예수가 사랑한 제자의 증언을 통해, 그리고 예수의 말씀과 그분의 인격을 받아들였던 그 제자의 특별한 능력을 통해, 베드로에 의해 세워진 위대한 교회 안에는 다른 어떤 제자들보다 예수를 더 사랑하는 자(21,15-19)가 언제나 늘 존재하게 된다(R. Vignolo).

예수가 사랑한 제자와 관련되어 있는 본문 네 대목을 아래에 열거해 놓았다. 앞으로 이 본문들을 다루어 보겠다.

> 13,21-30: 예수의 마지막 만찬에 있었던 예수가 사랑한 제자와 유다
> 19,25-37: 예수의 십자가 곁에 서 있던 예수가 사랑한 제자
> 20,1-9: 예수의 무덤으로 달려간 예수가 사랑한 제자와 베드로

21,1-25: 티베리아스 호숫가에서 예수가 사랑한 제자와 베드로 그리고 부활한 예수

우리가 선택한 위의 본문 가운데 세 가지 일화에서 우리는 예수가 사랑한 제자가 시몬 베드로의 곁에 함께 서 있다는 것을 발견하게 된다. 위의 목록에는 생략되었지만, 또 다른 본문 곧 18,15-18에서도 둘은 함께 있다. 따라서 각 본문을 자세히 설명하기에 앞서 이 두 사람의 관계가 단 하나의 의미로 우리를 이끌어 주고 있다고 말할 수 있다. 실제로 이 이야기들에서 예수가 사랑한 그 제자는 베드로가 자신 앞에 놓인 장애물을 극복하고 앞으로 나아갈 수 있게 도와 주는 도약대 역할을 하고 있으며, 바로 이를 통해 베드로가 육체적으로든, 영적으로든 스승인 예수에게 좀 더 가까이 다가가고 있음을 볼 수 있다(A. Marchadour).

구절 풀이

13,21-30

이 본문은 예수가 제자들의 발을 씻겨 준 일화(13,1-11)와 사랑의 계명에 대한 설명(13,12-17) 뒤에 자리한다. 여기에서 우리는 13절과 18절에 이어 두 번째로 걱정과 근심으로 가득 차 누군가 자신을 배신하게 될 것이라고 강하게 말하고 있는(13,21) 예수를 만나게 된다. 때문에 식탁에 앉아 있던 제자들은 당혹감과 혼란스러움에 사로잡힌다. 제자들은 그 배신자가 누구인지를 알아보려고 하는 능동적 주체로 나서는 동시에, 자신들 스스로가 예수가 언급한 말의 수동적 객체, 곧 그 배신자가 될 수 있다는 가능성 때문에 불안하게 서로를 바라보고 있다. 그때 베드로가 예수가 사랑한 제자를 통해 무섭도록 어색하고 두려운 이 상황을 깨뜨린다. 바로 여기에서 예수가 사랑한 제자가 요한 복음서에서 처음으로 등장한다. 그런데 이 식탁에서 예수가 사랑한 제자가 자리한 위치를 통해 그와 예수의 관계가 베드로와 예수의 관계보다 훨씬 더 친밀하다는 사실을 알 수 있다. 그가 베드로보다 훨씬 더 예수와 가까운 자리에 앉아 있기 때문이다(G. Sloyan). 게다가 요한 복음사가가 여기서 그를 묘사하는 방식이 복음서의 또 다른 한 부분, 곧 1,18을 매우 분명히 떠오르게 한다.[26] 실제로도 이 두 구절에서 사용된 그리스어 표현이 거의 동일한 단어로 되어 있다. 말씀이신 그리스도가 '아버지의 품 안에'(εἰς τὸν κόλπον τοῦ πατρός 1,18) 계셨던 것처럼, 예수가 사랑한 제자 역시 '예수의 품 안에'(ἐν τῷ κόλπῳ τοῦ Ἰησου 13,23) 자리 잡고 있다. 따라서 이것이 단순히 그가 자리하고 있던 위치를 묘사하기 위한 표현이라고 말할 수 없다. 그리스도가 하느님 아버지와의 관계에서 완벽하고 흠 없는 아들이자, 그분의 말씀을 온전히 받아들이고 그분의 뜻을 실행하는 아들이며, 철저하게 그분께 의존하고 있고 또 그것을 통해 완전한 자유를 누리고 있는 것처럼, 예수가 사랑한 제자 역시 예수와 그런 관계에 있다는 것을 보여 주는 표현일 것이기 때문이다. 이렇게 예수가 사랑한 제자는 예수의 맘에 드는, 예수를 기쁨으로 가득 채워 주는 그런 사람이다. 그것은 무

26_ 요한 1,18: "아무도 하느님을 본 적이 없다. 아버지와 가장 가까우신 외아드님 하느님이신 그분께서 알려 주셨다." 여기에서 "아버지와 가장 가까우신"은 직역하면 '아버지의 품 안에'인데, 이 표현이 13,23의 "예수님 품에"라는 표현과 거의 같다.

엇보다도 그의 믿음이 예수의 마음속 모든 것을 귀담아 듣고 또 그것을 철저하게 이해하려는 열린 마음을 지니고 있었기 때문일 것이다.

식탁에서 특별한 자리를 차지하고 있다는 사실이 그가 베드로나 그 밖의 다른 제자들보다 훨씬 지혜롭거나 더 뛰어나다는 것을 의미하지는 않는다. 그 역시도 베드로가 보낸 신호를 받고 나서야 누가 배신자인지를 예수에게 묻고 있기 때문이다. 그럼에도 불구하고, 베드로를 포함한 다른 모든 제자는 듣지 못하는 예수의 대답을 오직 그 제자만 듣고 있다는 것은 의미심장한 일이다. 결국 베드로는 예수가 유다에게 빵조각을 건네는 것을 보면서도 그 배신자가 누구인지를 이해하지 못한다. 그리고 오직 예수가 사랑한 제자만이 예수의 그 행동이 무엇을 의미하는지 깊이 알아듣는다. 그만이 홀로 예수의 행동이 누가 예수를 유다인들에게 넘겨 줄 것인지를 보여 주는 하나의 계시라는 것을 깨닫는다. 더 나아가 그는 예수의 그 행동이야말로 그렇게 빵을 건네주고 있는 이의 사랑이 얼마나 큰 것인지를 분명하게 보여 주는 또 하나의 더 큰 계시임을 깨닫는다. 이렇게 예수가 사랑한 제자는 하느님의 신비와 그분이 지니신 자비의 신비를 깊이 드러내 주는 예수의 말과 행동의 수호자가 된다. 바로 이것이 요한 복음사가의 상징인 독수리 – 만일 이 둘을 동일시하고 있는 교회의 전통을 그대로 받아들인다면 - 가 지닌 시각이라 할 수 있다. 그 시각이야말로 다른 동물들은 볼 수 없는 작고 후미진 곳까지 꿰뚫어 바라볼 수 있기 때문이다. 그 독수리의 눈은 이미 1,14에서 언급되었고 또 이 구절 바로 다음에 이어지는 절들에서도 다시 한번 강조되었던 하느님의 말씀과 그 말씀이 지닌 영광을 관조하는 눈이다. 이 눈이 유다가 방을 나가는 순간(13,31-32), 다시 한번 말씀인 예수와 그가 지닌 영광을 바라보고 묵상하도록 우리를 이끌어 주고 있다.

지면상의 이유로 이 자리에서 더 깊이 살펴볼 수는 없겠지만, 이 장면에서 드러나는 몇몇 징후는 예수가 건네고 있는 빵이 바로 성체성사를 암시하고 있다는 사실을 우리에게 일깨워 준다. 하느님의 아들은 배신자에게 자기 자신을 넘겨주고 있다. 그리고 그 배신자의 어리석은 계획에 자기 자신을 넘겨주며, 어서 그 일을 하라고 오히려 재촉하기까지 한다(13,27). 그러나 예수가 그에게 베푼 마지막 행동은 근본적으로 친교의 몸짓이기도 했다. 예수는 이렇게 유다와도 함께하고 있다. 따라서 유다가 원하기만 하면, 그 역시 다시 예수와 함께 있을 수 있게 될 것이다. 그리스도는 다른 제자들과 동일하게 유다 또한 사랑으로 선택했다. 그리고 그 사랑은 결코 줄어들지 않았다. 오히려 배신의 순간에 그의 사랑은 과거의 어떤 순간에서보다도 더 밝게 빛을 내고 있다.

　예수가 사랑한 제자가 처음으로 복음서에 등장하는 이 본문은 우리로 하여금 그를 유다라는 인물과 정반대의 자리에 대립시켜 놓고 바라볼 수 있게 해 준다. 유다는 예수가 건넨 빵조각을 받기는 하지만 그것을 먹지는 않았다. 그가 예수의 가르침을 계속 듣기는 했지만, 그가 들은 것은 오로지 형식적이고 표면적인 순종에 불과한 것이었다. 이렇게 유다의 마음이 이미 밤의 한가운데에 있었다면(13,30), 그 만찬 자리에서 일어나는 모든 일과 스승의 작은 속삭임까지도 결코 놓치지 않는, 예수가 사랑한 제자의 마음에는 이미 눈부신 빛이 켜져 있다고 말할 수 있다. 그는 그렇게 배신자의 비밀을 간직하게 된다. 그러나 거기에서 훨씬 더 나아가 그는 카나의 혼인 잔치에서 기적을 통해 만들어진 포도주(2,6)와, 베타니아에서 마리아가 예수의 발에 부은 순 나르드 향유의 값(12,3-5)과 같은 측량하기 어렵고 관대하기 그지없는 하느님의 자비 안으로 깊숙이 침투해 들어간다. 그렇게 그는 예수가 이 세상에서 아버지 하느님에게로 건너가는 그 순간이야말로 진정한 파스카의 순간임을 깨닫는다. 바로 그 순간이 예수가 제자들을 끝까지 사랑하는 순간이며, 최종적인 표징이 완성되는 시간임을 알게 되는 것이다(13,1-3).

　따라서 예수가 사랑한 제자의 첫 등장은 매우 강렬하고 개인적인 드라마로 이루어져 있다고 말할 수 있다. 이 극적 사건으로 그가 거대한 짐을 자기 어깨에 짊어지며 괴롭고 고통스러운 진실을 알게 되었기 때문이다. 그러나 이 진실이 모든 비극적인 사건 – 하느님으로부터 파견된 이가 이유 없이 미움받은 사건(15,25) – 들을 통해 밝혀지기 시작할 때, 그 비극은 하느님의 영광(12,28)과, 죽음조차 막아낼 수 없고 오히려 그 죽음을 통해 거룩하게 변모될 영광의 선물로 인해 전혀 다른 것으로 바뀔 것이다. 모든 것은 그렇게 창에 찔린 옆구리에서 쏟아져 나온 피와 물(19,34)에 의해 완성될 것이다(19,30). 그리고 바로 이것이 하늘과 땅 사이의 생명과 친교의 결정적인 표징이 될 것이다.

예수가 사랑한 제자는 자신의 말과 행동을 통해 명백하고 직접적인 증언을 제시하는 인물은 아니다. 실질적으로 그가 아무것도 하고 있지 않다고 말할 수도 있다. 그는 단지 순수하게 독자들을 초대하고 있는 사람일 뿐이며, 그가 지닌 믿음 역시 순수하게 – 독자들의 그것과 마찬가지로 – 응시하고 묵상하는 것에 머물러 있을 뿐이다. 그럼에도 불구하고, 그는 가능한 온갖 강렬함을 지닌 채 예수가 그에게 허락한 특별하고도 절대적인 자리를 차지하고 있다.

19,25-37

이 본문과 함께 우리는 매우 결정적인 순간 앞에 서게 된다. 여기에서 모든 것이 완성을 향해 달려가고 있기 때문이다(19,30). 하느님의 말씀은 땅에서 들어 올려진(12,32) 자기 자신에게로 온 인류를 끌어당기고 있다. 그리고 그의 희생이 가져온 풍요로움의 첫 번째 열매로서, 곧 열매를 맺기 위해 땅에 떨어져 죽은 밀알로부터 태어난 첫 번째 이삭(12,24)으로서, 십자가 아래에서 새로운 가족이 형성된다. 혈육이나 남자의 욕망에서 난 것이 아니라, 오로지 하느님에게서 태어난(1,13) 이 새로운 형태의 가족이야말로 새로운 인류를 이루는 첫 번째 핵심이 된다. 예수는 여기에서 자신의 어머니를 단순하게 사랑하는 제자에게 맡기고 있는 것뿐만이 아니라, 더 나아가 그 두 사람이 갖게 된 새로운 신원을 드러내 주고 있다(F. J. Moloney). "여인이시여, 이 사람이 어머니의 아들입니다 … 이분이 네 어머니시다"(19,26-27)라고 예수의 입을 통해 선포되고 있는 이 말은 그 두 사람이 전혀 알지 못하던 참된 새로운 이름(묵시 2,17)을 그들에게 부여하는 것이다. 이렇게 그 두 사람은 전에 들어본 적도 없고, 생각조차 할 수 없었던 하나의 연결 고리가 그들 사이에 존재한다는 것을 발견하게 된다. 그리고 새롭게 자신들을 엮어 주고 있는 이 연결 고리의 뿌리가 바로 십자가 위에 높이 들어 올려진 하느님의 아들에게 있다는 것도 깨닫게 된다. 마리아는 이제 예수가 사랑한 그 제자에게서 자신의 아들을 발견해 낸다. 그 아들은 '또 다른' 예수로서, "성숙한 사람이 되며 그리스도의 충만한 경지에 다다르게"(에페 4,13) 될 때까지 새롭게 태어나고 성장해야만 하는 사람이다. 요한 복음서의 전반부, 곧 카나의 혼인 잔치에서 일꾼들에게 예수가 시키는 것은 무엇이든지 하라고 이르면서 무조건적으로 아들의 말을 받아들였던 그 여인(2,5)을 이제 예수가 사랑한 제자가 자신의 집에 모시고 있다. 그 제자에게 예수의 어머니를 모신다는 것은 바로 그녀의 아들을 모시는 것을 의미한다. 게다가 27절에서 사용된 그리스어 표현은 우리에게 다시 한번 요한 복음서의 서두에 나오는 찬미가(1,11)를 떠오르게 한다. 그 찬미가에도 27절에 나오는 단어와 똑같은 표현이 나오기 때문이다. 곧 예수가 "당신 땅"(εἰς τὰ ἴδια)[27]에 오셨지만, 그분의 백성은 그분을 "맞아들이지"(παρα-λαμβάνω) 않았다. 그러나 이제 예수가 사랑한 제자는 예수의 어머니, 곧 예수와 가장 가깝고 친밀한 사람이었던 동정녀를 "자기 집"(εἰς τὰ ἴδια)에 '모시며'(λαμβάνω) 그와 정

---

[27] 우리말 《성경》은 이를 "당신 땅", 《공동번역 성서》는 이를 "자기 나라"로 번역하고 있다. 그러나 본디 이 말은 '자기에게 속한 것 사이에'라는 뜻이다.

반대의 행동을 취하고 있는 것이다. 따라서 예수의 어머니를 모시다는 것은 이 세상에서 말씀이신 예수의 현존을 더욱더 견고하고 확고하게 보장하는 행동이 된다. 그러므로 그의 어머니를 모시고 받아들이는 사람은 예수를 통해 열린 새로운 세상에서 그 첫 번째 발걸음을 뗀 사람이 되는 것이다.

따라서 예수가 사랑한 제자의 이 행동은 단순히 그가 보여 준 하나의 관대한 행동이라거나, 자신의 어머니를 버려두지 말라고 부탁하며 죽어가던 한 위대한 사람에게 그가 베풀어 준 존경과 경의의 행동이라고 말할 수 없다. 오히려 예수는 이 순간에 발설한 자신의 말을 통해 새로운 현실을 창조해 내고 있다. 여기에서의 예수의 말은 세상 창조 때에 사용되었던 말(창세 1장)과 비교될 수 있는 말이다. 세상 창조의 첫 순간에 하느님께서 빛을 만드시고 물과 땅을 갈라놓으셨듯이, 그렇게 이제 예수는 자신의 어머니를, 파스카 신비의 역동성 안에 들어오기를 희망하는 모든 제자의 어머니로 세워 놓고 있다. 또한 십자가 아래에 서 있던 그 제자를, 사람이 되신 말씀을 처음으로 자신의 품에 받아들였던 그 여인의 아들로 새롭게 만들어 주고 있다.

이런 방향에서, 27절에 나오는 "그때부터"(ἀπ᾽ ἐκείνης τῆς ὥρας)라는 표현 역시 좀 더 넓은 의미를 지닌 말로 해석할 수 있다. 이미 2,4에서, 곧 예수와 그의 어머니가 혼인 잔치에서 동이 나

버린 포도주에 관해 나누던 대화로부터 우리는 이 '때'(ὥρα)라는 단어가 지닌 의미를 이해할 수 있었다. 이 이야기에서 이 단어가 예수의 파스카, 다시 말해 사람들 손에 건네짐으로써 아버지 하느님에게로 완전히 건너가는 시간을 암시하고 있기 때문이다. 따라서 그리스어 표현이 가진 본래 의미를 훼손하지 않으면서, 이 문장을 다음과 같이 번역할 수 있을 것이다. '그때로 인해 (혹은 '그 시간 때문에'), 그 제자는 그분을 자기 집에 모셨다.' "그때부터"만이 아니라, 십자가 위에 예수가 들어 올려진 사건 때문에, 그리고 그 사건의 결과로 예수가 사랑한 제자가 예수의 어머니와 하나가 되는 것이다. 하느님 아들의 죽음은 과부였던 그의 어머니가 우연히 자신의 유일한 아들마저 잃게 된 그런 불행한 사건이 결코 아니다. 오히려 그 죽음은, 세상의 죄를 없앤 어린양의 옆구리에서 솟아나온 영과 피와 물로 새롭게 태어난 공동체를 거룩하게 축성하여 준 사건이다.

예수의 죽음 이후(19,28-30) 계속 이어지는 이야기는, 우리가 좀 전에 언급했던 사건에 대한 기술, 곧 예수의 옆구리에서 피와 물이 흘러 나왔다는 사건을 단순하게 묘사하는 것으로 그칠 수 있었다. 그러나 요한 복음사가는 – 예수가 사랑한 제자와 동일시될 수 있는 요한 복음사가는 – 여기에서 돌연 자신의 개인적인 진술을 이어가기 시작한다. 35-37절이 바로 그것인데, 이 구절의 내용은 다른 복음서에서는 그와 비슷한 것조차 찾아볼 수 없는 것으로서, 자신의 개인적인 증언과 그 증언의 진실성을 강조하고 있다. 그리고 복음서에 따르면 이 모든 것은 바로 "여러분이 믿도록"(19,35) 이끌어 주는 증언이 된다.

따라서 요한 복음사가의 이러한 개인적인 진술이 이곳에서는 그 사건을 직접 목격한 자의 증언으로 자연스럽게 간주되고 있음을 볼 수 있다. 그의 지극히 개인적인 진술이 '다 이루어졌다'라고 말하며 하느님의 아들이 자신의 영을 하느님께 건네주는 것을 십자가 밑에서 직접 목격한 자의 증언이 되고 있다는 것이다. 더불어, 그가 직접 보고 들은 이 모든 사건을 탈출기와 즈카르야 예언서에서 끌어온 두 구절의 성경 본문[28]으로 해석해 내면서 이 사건들에 완전히 새로운 의미를 부여하고 있다. 그뿐만이 아니다. 여기에서 다시 한번, 바라보는 행위가 그렇게 바라본 것을 이해하고 깨닫기 위한 행동이 되고 있다. 따라서 성경 말씀을 깊이 있게 관찰하고, 예수의 부러지지 않은 뼈들과 그가 겪어 내야 했던 옆구리의 고통 속에서 성경의 예언들이 완성되고 있음을 간파해 내는 독수리의 눈이 여기에서도 다시 필

---

[28] "뼈를 부러뜨려서도 안 된다"(탈출 12,46); "그들은 … 자기들이 찌른 이를 바라보며"(즈카 12,10).

요하다고 말할 수 있다. 십자가 위에 파스카의 어린양이 손상되지 않은 채 매달려 있다. 따라서 이제 우리는 우리의 죄와 잘못으로 인해 상처 입은 분을 바라보게 될 것이며, 나아가 인류의 모든 사건이 십자가 위에 달린 분과, 피와 물로 땅을 적신 그분의 상처를 통해 새롭게 시작된다는 것을 깨닫게 될 것이다. "이는 직접 본 사람이 증언하는"(19,35) 것이다. 직접 본 사람은 자신이 본 것을 증언하지 않을 수 없으며, 자신이 본 진실 때문에 겪게 될 고통과 희생을 기꺼이 감수한다. 끊임없이 이어지는 거대한 역사의 흐름 속에서 십자가 위에서 고통으로 꿰뚫린 분에게로 시선을 돌리게 될 모든 사람은 그에 대한 증언을 하지 않을 수 없을 것이다. 예수가 사랑한 제자가, 우리가 믿게 하기 위해, 다시 말해 우리가 십자가에 달린 어린양을 그 어떤 편견이나 선입견 없이 공정하고 온전하게 바라볼 수 있도록 하기 위해 자신의 증언을 글로 남겼던 것처럼 말이다.

두 번째 본문에서도 예수가 사랑한 제자는 실제적으로 별다른 행동을 취하지 않는다. 아무런 행동을 취하고 있지 않을 뿐 아니라, 말 한마디조차 내뱉지 않고 있다. 그러나 그가 남긴 글로부터 우리는 그가 하느님 아들의 '때'를 살아 낸 특별한 방식을 깨닫게 된다. 그 방식으로 그는 다시 한번 유일하면서도 특별한 위치에서 자신의 스승에게 가까이 다가갈 수 있었다. 그가 지닌 믿음은 측량할 수 없는 무한한 신비에 자신을 열어젖힌 순수한 개방 그 자체였다. 그리고 그 무한한 신비란 너무 이른 나이에 십자가 위에서 죽어간 한 사람이 자기 생의 마지막 순간에 뚜렷하게 보여 준 행동들을 지켜보면서 깨닫게 된 것이었다. 우리는 그 제자의 눈을 통해 그가 본 것을 볼 수 있는 은총을 받았다. 그리고 그것으로 말미암아 우리는 하느님께서 당신 아들 예수를 통해 우리 앞에 펼쳐 놓으신 충만한 은총의 길을 믿고 이해하고 깨닫게 되었다.

20,1-9

세 번째로 다루게 될 이 본문에서 예수가 사랑한 제자는 예수의 빈 무덤을 향해 베드로와 함께 달려가고 있다. 그런데 2절의 그리스어 본문에서는 이 제자에 대한 묘사가 '예수의 친구였던 제자'[29]로 바뀌고 있다는 사

---

[29]_ 우리말 《성경》은 이를 "예수님께서 사랑하신 제자"로 번역하고 있다. 그러나 이 본문에서 사용된 '사랑하신'이라는 그리스 말 동사(φιλέω)는 위에서 살펴본 두 본문(13,21-30; 19,25-37)에서 사용된 동사(ἀγαπάω)와 다르다. '필레오'(φιλέω)는 친구간의 우정이나 사랑을 가리키는 동사로, 이 말에서 '필리

실을 발견하게 된다. 이 표현이 – '예수가 사랑한 제자'라는 표현과 비교하여 – 크게 다른 의미라고 말할 수는 없지만, 이에 대해서는 나중에 15장에서 다시 살펴보도록 하겠다. 다만 여기에서는 요한 복음서에서 가장 중요한 두 증인 중 다른 한 사람으로 등장하는 세례자 요한 역시 '신랑의 친구'로 불리고 있다는 사실을 기억하는 것만으로도 충분할 것 같다.

이 본문에서도 다시 한번 베드로가 예수가 사랑한 제자에 앞서서, 그리고 동시에 그 제자와 함께 행동을 취하고 있다. 앞서 살펴보았던 13,21 이하의 이야기에서 예수가 사랑한 제자가 베드로의 고갯짓을 보고 나서야 예수에게 질문을 던지기는 하지만, 그 이후에 베드로가 보지 못하고 이해하지 못하는 것들을 베드로보다 앞서 보고 깨닫게 되는 것처럼, 여기에서도 마찬가지로 그 제자는 베드로보다 먼저 무덤에 도착한다. 그리고 이는 그가 지니고 있던 특징을 강조하려는 분명한 표지가 된다. 그는 무덤에 일찍 도착할 뿐만 아니라, 베드로가 아직 알지 못

아'(φιλία)라는 말이 나온다. 반면, '아가파오'(ἀγαπάω)는 거룩하고 무조건적인 사랑을 가리키는 동사로서, 그리스도교에서 인류를 위한 하느님의 사랑을 가리키는 데 주로 사용된다. 이 말에서 '절대적인 사랑'을 뜻하는 '아가페'(ἀγάπη)라는 말이 나온다.

하고 이해하지 못한 것들을 보고 또 직감한다. 믿음의 차원에서 그가 베드로보다 먼저 도착하고 있고, 빈 무덤을 향한 영적 달리기에서도 그가 베드로를 뛰어넘고 있는 것이다. 뿐만 아니라 세 번에 걸쳐 예수를 모른다고 부인했던 베드로와는 달리, 그는 요한 복음서에서 절대로 흔들리지 않는 이상적인 제자의 모습을 보여 준다. 그럼에도 불구하고 이러한 모습들은 그와 베드로의 분명하면서도 복잡한 관계 – 이에 대해서도 나중에 다시 살펴볼 것이다 – 를 잘 보여 준다. 그 관계에서 예수가 사랑한 제자가 지녔던 영적 우월성이 교계적이고 제도적인 베드로의 우위권과 공존하고 있기 때문이다. 그는 무덤에 먼저 도착하기는 했지만 그 안에 들어가지 않고 베드로를 기다리며 무릎을 꿇고 안을 들여다보고 있었다. 그러다가 베드로가 무덤에 들어간 이후에야 그를 따라 들어간다. 그러나 베드로보다 나중에 무덤에 들어간 그는 그곳에서 단순히 '보는 것'으로 그치지 않고, '보고 믿는다'(20,8). 여기에서 '믿는다'라는 동사가 목적어 없이 사용되고 있다는 것은 그가 – 토마스의 경우와 정반대로 – 예수를 보지 않고도 믿는 경지에 이르게 되었음을 분명하게 가리켜 준다. 그는 이미 20,29에서 예수가 언급한 바로 그 복된 자였던 것이다. "(나를) 보지 않고도 믿는 사람은 행복하다." 그러나 그들이 아직 성경 말씀을 완전히 깨닫지 못하고 있었다는 9절의 부연 설명은 이러한 그의 믿음 역시 여전히 불완전한 것이었음을 시사해 준다. 따라서 그의 믿음은 어떤 직관에 의한 것이었다고 생각해 볼 수 있다. 그러나 그 직관은 여전히 그것이 도달해야만 하는 여정의 끝, 곧 구약성경의 빛 안에서 예수의 인생 전체가 지닌 의미를 보고 깨닫는 수준까지는 이르지 못한 것이었다. 같은 차원에서, 2,13-22에서 거론되었던 성전 정화 사건을 생각해 볼 수도 있다. 성전에서 예수의 행동을 보고 제자들은 다음과 같은 성경 말씀을 기억해 낸다. "당신 집에 대한 열정이 저를 집어삼킬 것입니다"(2,17). 그러나 제자들은 예수가 부활한 이후에서야, '사흘 안에 허물어진 성전을 다시 세우겠다'(2,19)던 예수의 말이 무엇을 의미하는 것이었는지를 완전하게 기억해 내고 또 깨닫게 된다. 제자들 역시 예수의 말을 듣고 받아들이기는 했지만, 그 말의 의미를 온전히 이해하기 위해 필요한 모든 과정을 다 거쳐 지나간 것은 아니었던 것이다. 이렇게 일어난 사건과 그 사건과 연결되어 있는 말들은 여전히 그림자 속에 불완전한 모습으로 남아 있을 뿐이다. 그것들을 온전히 이해하기 위해서는 파스카 사건, 곧 그분의 '때'가 완성되는 순간이 절대적으로 필요하며, 부활하신 분과의 만남(21,1-25)이 반드시 필요하다. 예수는 죽은 이들 가운데에서 다시 살아나야만 했다. 그러나 제자들은 이러한 진실을 아직 이해하지 못하고 있었다. 그들은 '아직'이라고 하는 몰이해의 상태에 놓여 있었고, 그들의 이 몰이해는 믿는 이들로 이루어지게 될 다음 세대에 의해 극복될 것이다. 다음 세대의 믿는 이들은 요한 복음서의 증언과 말씀을 통해 부활하신 아드님 안에서 드러나고 있는 하느님 아버지의 영광을 – 자신들의 모든 이성과 논리로 – 깨닫고 믿게 될 것이기 때문이다.

예수가 사랑한 제자의 믿음 역시 이렇게 '아직'의 단계를 거치고 있다는 것을 이해하는 일은 매우 중요하다. 왜냐하면, 그리하여 여러분이 모든 성도와 함께 "하느님의 신비가 얼마나 넓고 길고 높고 깊은지를 깨달아 알고 인간의 모든 지식을 초월한 그리스도의 사랑을 알 수 있게"《공동번역 성서》에페 3,18-19) 되기 위해서는 이러한 과정이 반드시 필요하기 때문이다. 우리 역시 이 '아직'이라는 단계에서 살아가고 있다. 이 단계는 믿음의 여정에서 겸손으로 이해되는 인내를 우리에게 요구한다. 이 여정이 영적으로 매우 빨리 진전되고 있다 하더라도, 모든 것이 여전히 그림자 속에 불완전한 모습으로 남아 있음을, 더 나아가 그 그림자를 결정적으로 밝게 비쳐 줄 빛을 하느님께 끊임없이 간청해야만 한다는 사실을 결코 잊어서는 안 될 것이다. 예수가 사랑한 제자는 그가 지니고 있던 열정과 베드로에 대한 배려, 그리고 믿음에 대한 풍부한 직관으로, 우리에게 없어서는 안 될 신앙 여정의 동반자가 되어 준다. 우리의 여정에서 그는 언제나 우리가 도달하고자 하는 그 목적지를 향해 가는 동반자로, 또는 여전히 우리가 도달해야 하는 그곳이 어디인지조차 '아직' 모르는 그 여정의 동반자로 우리와 함께할 것이다.

21,1-25

마지막으로 살펴볼 이 본문에서도 역시 예수가 사랑한 제자는 베드로와 함께 이야기의 주인공으로 등장한다. 이 본문은 너무도 평범한 일상 한가운데에서 제자들에게 나타난 부활하신 예수의 세 번째 발현을 다루고 있다. 우리는 이 본문을 세 부분으로 나누어 볼 수 있다. 첫 번째 부분(1-14절)은 베드로가 주도한 고기잡이가 아무런 성과 없이 끝난 일, 그에 이어서 그들의 빈 그물을 가득 채워 준 예수와의 만남, 그리고 예수와 함께 해변에서 아침을 먹은 사건으로 이루어져 있다. 두 번째 부분(20-23절)은 하느님의 아들과 베드로 사이의 매우 인상적인 대화를 다루고 있으며, 이 대화 중에서 제자들의 으뜸인 베드로에게 다른 이들보다 더 큰 사랑으로 그리스도의 양들을 돌보라는 사명이 주어진다. 마지막 세 번째 부분(24-25절)은 예수가 사랑한 제자와 관련하여 예수와 베드로가 나눈 특별한 대화를 담고 있다. 여기에서는 우리의 주인공인 예수가 사랑한 제자가 중요한 역할을 하고 있는 첫 번째 부분과 세 번째 부분에 대해서만 해설해 보겠다.

13장과 19장의 이야기에서처럼, 이곳에서도 예수가 사랑한 제자는 이야기 중간에 예기치 않게 갑자기 등장한다. 더 정확히 말해서, 그가 말을 시작하는 순간에서야 우리는 그가 이 이야기 안에 존재하고 있다는 사실을 깨닫게 된다. 실제로 이 이야기의 시작 부분에(2절) 제자 일곱 명의 이름이 열거되고 있지만, 거기에서 우리는 그의 이름을 찾아볼 수가 없다. 다시 말해, 우리가 알고 있는 그의 일반적인 호칭('예수가 사랑한 제자')이 여기에서는 보이지 않는다.

베드로가 주도한 한밤중의 고기잡이는 제자들이 경험한 파스카, 곧 예수 부활 사건과 관련하여 그들이 후퇴하고 있다는 인상을 준다. 파스카 사건 이후에 우리는 당연히 부활하신 분을 증언하는 일에 온전히 사로잡혀 있는 제자들을 만나게 될 것이라고 기대하게 되기 때문이다. 그러나 어떤 식으로든지 아무런 성과 없이 끝난 그 밤의 고기잡이는 제자들의 공동체 안에 이미 열정이 사라져 버렸으며, 따라서 더 이상 열매를 맺지 못하는 공동체가 되었다는 것을 우리에게 말해 주고 있다. 그들은 그렇게 자신들의 스승이 했던 말씀을 까맣게 잊은 채, 잘못된 방향으로 그물을 던지고 있는 한 무리의 어부로 전락해 버렸다.

그때 예수가 그 자리에 나타났고, 어부인 제자들에게 이상하기 그지없는 제안을 한다("그물을 배 오른쪽에 던져라!"). 제자들이 고기 잡는 일을 업으로 삼는 사람들이었다는 사실을 생각해 본다면, 게다가 그들이 이미 밤새도록 그 호수의 모든 지역에서 할 수 있는 모든 방향으로 그물을 던졌을 것을 생각해 본다면, 예수의 이 제안이 얼마나 이상한 말인지를 바로 이해하게 될 것이다. 그런데 예수의 출현과 바로 그 이상한 제안이 실패로 점철되어 있던 제자들의 상황을 완벽하게 바꾸어 놓는다. 예수가 그 자리에 나타났다는 사실을 알아보지 못하던 예수가 사랑한 제자는 갑자기 나타난 엄청난 양의 물고기를 보고 무언가를 감지하고, 곧이어 베드로에게 "주님이십니다"라고 말하며 그분이 부활하신 주님이요 또 부활하신 분이야말로 바로 역사의 운명을 손에 쥐고 계신 메시아임을 고백한다. 그분이야말로 영원하신 하느님의 현존 그 자체라는 것이다.

여기에서 이러한 그의 신앙고백이 바로 베드로를 향해 발설되고 있다는 사실은 매우 의미심장하다. 오히려 이 고백이 베드로 자신의 것이어야만 하지 않을까? 호숫가에 서 있는 이가 예수라는 것을 알아차리고 나서 부활하신 그분을 다시 만나 보고자 하는 모두의 바람과 열정, 그리고 놀라움을 누구보다도 먼저 행동으로 옮기는 그 베드로 - 주님이라는 말을 듣고, 가장 먼저 호수로 뛰어든 이는 바로 베드로였다 - 의 입에서 나와야만 하는 신앙고백이 아닌가 말이다.

그러나 이미 우리는 이 두 제자(베드로와 예수가 사랑한 제자)가 한 쌍을 이루어, 서로에게 영향을 주고받으며 행동하고 있다는 것을 잘 알고 있다. 이 본문에서도 예수가 사랑한 제자는 다시 한번 베드로에 앞서 '더 빨리 달려가고' 있다. 그의 직관이, 곧 그가 보고 있는 풍요로움이(엄청난 양의 물고기) - 그는 바로 똑같은 장소에서 군중에게 베풀어진 믿을 수 없을 만큼의 엄청난 양의 빵의 기적으로 이 풍요로움을 이미 경험한 적이 있었다(6,1-13) - 오직 단 한 가지 사실을 가리키고 있다는 것을 알아차리는 그의 직관이 모든 제자를 앞서고 있는 것이다. 이것이야말로 한계를 뛰어넘는 하느님의 신비이며, 그분은 이렇게 '한량 없이' 주시는 분이다(3,34). 이러한 하느님 말씀의 보호를 받고, 목자의 목소리에 순종하며(10,3.16) 수행되는 교회의 사명은 결코 실패할 수 없다. 교회 안에 참된 일치가 존재한다면, 거기에 또한 참된 사명이 존재할 것이다. 그리고 그 교회의 사명이란 베드로가 혼자서 큰 물고기 153마리가 가득 들어 있는 그물을 뭍으로 끌어 올린 것처럼(11절) 이 세상을 하느님 아버지께로 인도해 가는 일이 될 것이다. 그러나 세상을 향한 교회의 고기잡이가 거대한 성공을 이룬 이후에도, 교회 공동체는 하느님의 중재와 은총으로 낚은 그 고기가 도착하기 이전에 이미 그분께서 아침 식탁을 준비하고 계셨다는 사실을 잊어서는 안 될 것이다. 특히 베드로에게 이 모든 것은 은총 그 자체였다. 예기치 않게 성공한 고기잡이, 배고픔을 가시게 해 줄 준비된 빵 그리고 새롭게 회복된 신뢰와 그 안에서 받게 된 용서가 한순간에 그에게 주어졌기 때문이다. 이러한 은총으로 그는 자신이 스스로 세 번이나 모른다고 부인했던 스승 예수의 양 떼를 돌볼 수 있게 될 것이다(15-19절).

그들이 함께한 아침 식사는 기쁨에 찬 침묵과 감동의 분위기에서 진행된다. 제자들의 마음속에서 꿈틀대던 수많은 질문은 이미 물고기로 가득 찬 그물에서 그 답변을 얻었다. 무엇보다도 베드로와 비슷하면서도 또 다른 차원에서 제자들을 대변하던 예수가 사랑한 제자의 외침("주님이십니다")으로부터 그들은 그들 마음속에 있던 질문에 대한 답을 이미 찾은 것이다.

마침내 요한 복음서의 마지막 장면에 이르러 그 두 제자가 (베드로와 예수가 사랑한 제자) 예수와 가지고 있던 관계가 완벽하게 설명된다. 따라서 이 장면에서 복음서의 독자들이 가지고 있던 수많은 질문 역시 그 답을 얻게 될 것이다. 베드로는 "나를 따라라"(21,19)라는 예수의 말씀과 함께 두 번째로 공적인 부르심을 받게 된다. 그러나 동시에 베드로가 예수에게 던지는 질문을 통해 우리는 예수가 사랑한 제자 또한 예수와 베드로를 따르게 될 것임을 알게 된다. 따라서 복음서의 끝부분인 21,20-21이, 예수가 사랑한 제자가 예수의 품에 안겨 질문을 던지고 있는 13장의 이야기를 다시 한번 상기시켜 준다는 것은 결코 우연이 아니다. 모든 것이 이렇게 다시 종합적으로 요약된다. 베드로는 그 제자가 자신과 예수를 따라오는 것을 발견하고는 놀라며 그에 관해 예수에게 질문을 던진다. 그리고 그가 던진 질문은 바로 우리 자신이 던지고 있는 질문이기도 하다. 우리는 이제 베드로의 역할과 그의 마지막 운명이 어떻게 흘러갈 것인지, 다시 말해 그가 어떤 죽음으로 하느님께 영광을 돌리게 될 것인지를 알게 된다. 따라서 이제 독자들은 13장부터 21장에서 또 다른 결정적인 인물이자, 파스카 사건의 중요한 증인으로 등장하고 있는 예수가 사랑한 제자가 어떤 운명에 놓이게 될 것인지를 묻게 될 것이다. 그에 관하여 주님이 하신 말씀 때문에 공동체 안에서 그 제자가 죽지 않으리라는 불분명한 오해가 발생할 수도 있었겠지만, 예수가 말한 문장의 실제 의미는 그와는 전혀 다른 것이었다. 예수가 그 제자에 관해 말한 문장에서 가장 중요한 것은 "내가 … 바란다 할지라도"(21,22)라는 조건절이라고 할 수 있다. 예수는 그 제자가 자신이 다시 돌아오기 전까지 죽지 않을 것이라고 말하지 않았다. 다만 그의 미래가 예수의 의

지와 뜻에 따라 결정될 것이라고 말하고 있을 뿐이다. 따라서 그 제자가 죽게 될 것이라는 사실은 분명해진다. 그리고 그렇게 그 제자가 죽게 된다고 해도 제자들의 공동체가 그것에 대해 놀라워할 필요가 없다. 그 제자에게 어떤 일이 벌어지든 간에 그 모든 것은 예수가 그 제자와 관련하여 한 말이 성취되는 것이기 때문이다(F. J. Moloney). 베드로가 양 떼를 돌보는 목자의 직책을 수여받았다면, 예수가 사랑한 제자는 예수에 관해 전해지고 있었던 전승에 대한 진정한 증인이 되었다. 일어난 사건에 대한 그의 단순한 설명이나 기술에 입각해서가 아니라, 오히려 - 앞서 주목하여 살펴본 것처럼 - 그가 지녔던 매우 날카롭고 통찰력 있는 믿음의 눈을 통해 전승의 증인이 된 것이다. 사람이 되신 말씀(1,14) 안에서 그는 모세를 뛰어넘는 은총과 진리의 충만함(1,17)을 알아볼 수 있었다. 그리고 그 충만함 안에서 우리에게 유일한 방식, 곧 외아들의 입장에서 하느님 아버지에 관해 히는 이야기를 그 제자는 우리에게 들려주었다(1,18). 이것이 예수가 사랑한 제자가 지녔던 믿음이요, 그가 우리에게 전해 주는 증언이다.

앞서 이미 강조했던 것처럼, 그 제자가 '계속해서 살아 존재한다'는 것은 그가 저술한 복음서가 계속해서 존재한다는 것을 의미한다. 만일 베드로가 모든 제자 - 예수를 따르는 이들이자,

예수로부터 목자로 부름받은 이들 - 의 약하고 무너지기 쉬운 처지를 대변해 주고 있다면, 예수가 사랑한 제자는 자신이 저술한 복음서를 통해, 혹은 그가 다른 이로 하여금 저술하도록 만든 이 복음서를 통해 예수에 관한 증언을 제공하는 이상적인 제자를 상징한다. 우리는 21,24에 사용된 그리스어[30]를 통해 이 제자가 직접 복음서를 저술한 것이 아니라 할지라도, 적어도 자신이 지녔던 기억을 바탕으로 후대 공동체가 예수에 관한 이야기를 기록할 수 있도록 동기를 부여했다는 사실을 가늠해 볼 수 있다. 따라서 현대 언어로 이를 표현해 보자면, 그 제자가 그리고 그 제자의 증언이 이 복음서를 신뢰하고 믿을만한 것(autore-volezza)으로 만들어 주고 있다는 의미에서 그가 바로 이 요한 복음의 저자(autore)라고 말할 수 있을 것이다(F. J. Moloney). 그뿐 아니라, 이 복음서가 지니고 있는 윤리적·도덕적 책임도 그에게 있다고 말할 수 있겠다. 예수가 사랑한 제자의 이러한 증언은 거대한 교회 공동체 안에서도, 또 예수에 관한 수많은 복음적 전통의 다양성 안에서도 사도 베드로의 목소리 바로 옆에 언

---

[30] 21,24에서 그 제자를 지칭하기 위해, '증언하다'(μαρτυρέω)와 '쓰다, 기술하다'(γράφω)라는 동사 두 개가 사용되고 있다. 여기에서는 '증언하다'라는 동사를 염두에 두고 저자가 이런 이야기를 하는 것으로 보인다.

제나 남아 있게 될 것이다. 15,15[31]에서 예수가 그의 친구들에게 분명하게 말하는 것처럼, 예수가 그 제자에게도 아버지와 아들 사이의 모든 일을 참으로 알게 해 주기 때문이다.

삶 속에서 되새기기

이 글의 주인공인 예수가 사랑한 제자에 관해서는 수많은 해설과 설명이 제시되고 있다. 그러나 그 모든 것을 뛰어넘어, 우리는 이 제자가 다른 누구보다도 하느님의 아들에 대한 계시의 수취인임을, 다시 말해 책임 있는 의식과 참여 정신으로 하느님의 아들에 관한 계시를 받아들인 인물임을 확인할 수 있었다. 사랑은 이해하는 것이며, 서로 다른 두 개를 하나로 만들어 주는 것이다. 예수와 이 제자 사이에 존재하던 사랑 역시 그 둘을 하나로 만들어 주었으며, 이

---

[31] "나는 너희를 더 이상 종이라고 부르지 않는다. 종은 주인이 하는 일을 모르기 때문이다. 나는 너희를 친구라고 불렀다. 내가 내 아버지에게서 들은 것을 너희에게 모두 알려 주었기 때문이다."

러한 사랑은 그 제자에게 매우 특별한 은신처를 만들어 주었다. 그 은신처 안에 역사에서 활동하시는 삼위일체 하느님의 신비가 머물러 있다. 따라서 예수의 이 사랑은 차별이나 편애와 같은 불공평한 것과는 전혀 다른 것이라 말할 수 있다. 13,21-30에서 잘 볼 수 있듯이, 예수는 자신을 배신한 유다까지도 사랑했다. 완고한 마음으로 스승을 팔아넘기려 한 이에게조차 마지막 순간까지 구원의 가능성을 열어 주며 사랑했던 것이다. 그러나 이러한 예수의 사랑을 받아들여 그것을 자신의 삶 한가운데 자리하게 하는 사람이 있는가 하면, 반대로 하느님의 사랑을 거부하며 예수의 그 마음과 사랑을 최소한으로 받아들이는 사람도 있다. 이는 우리 모두에게도 똑같이 적용되는 일이다. 우리는 예수가 사랑한 제자가 받았던 것보다 예수의 사랑을 결코 덜 받지 않는다. 물론 우리가 그 제자보다 더 사랑받을 만한 일을 하지도 않았을 것이다. 그럼에도 불구하고 예수는 믿음의 삶이 지니고 있는 근본적인 측면을 드러내 보여 준다. 그것은 우리 존재의 바탕을 이루고 있는 가장 기본적인 진리가 바로 예수 안에서 우리가 하느님의 사랑을 받고 있다는 사실이다. 예수는 우리를 언제나 먼저 사랑하지만, 우리에게는 그 사랑을 설명해 줄 만한 적합하고 타당한 이유도, 그럴만한 자격도 없다. 우리가 할 수 있는 모든 일조차 실은, 예수가 우리를 선택했고, 우리가 예수의 사랑을 받기에 합당한 존재가 되기 이전에 이미 그가 우리를 먼저 사랑했다는 사실에 대한 인식으로부터 나오는 결과요 행동일 뿐이다. 우리가 그를 택한 것이 아니라, 그가 우리를 택한 것이다(15,16).

예수가 사랑한 제자가 가지고 있던 본질적인 중요성이 바로 여기에 있다. 그는 예수가 우리에 앞서, 모든 것에 앞서 모든 것을 하고 있다는 진리를 우리에게 보여 준다(C. M. Martini). 복음서 저자는 자신이 한 일을 우리에게 전해 주는 일에는 관심조차 없는 듯 보인다. 자신의 행동을 자랑스럽게 보여 주며, 그 안에 커다란 가르침이 있는 듯 이야기를 전개시켜 나가지 않는다는 것이다. 빈 무덤을 향해 달려간 것도, 티베리아스 호숫가에서 부활하신 주님을 알아본 것도, 그리고 무엇보다도 예수의 사랑을 받은 사람이 바로 자기 자신이었음에도 불구하고, 그는 이토록 자신을 드러내지 않는다.

마찬가지로, 우리도 예수의 사랑을 받는 사람들이다. 예수야말로 우리가 존재할 수 있게 해 주고, 우리의 모든 삶을 지탱해 주는 존재이다. 더 나아가 예수는 우리 존재를 근본적으로 규정해 주는 존재이다. 예수는 우리에게 절대적으로 필요한 최상의 진리다. 그리고 우리는 예수 안에서 단 한 순간도 멈추지 않고 자신을 기르고 키워 내야만 한다. 그런데도 우리는 본능적으로 우리가 해야만 하는 일이나 또는 우리에게 부족한 것들만을 생각하게 된다. 모든 것의 근본이 예수에게 건네는 우리의 사랑, 곧 그의 사랑에 대한 우리의 응답에 있는 것이 아니라, 오히려 우리에게 먼저 건네시는 예수의 사랑에 있다는 사실을 쉽게 잊기 때문이다. 따라서 '예수가 사랑한 제자'는 그가 받은 단순한 '제자직' 이전에 이미 자신의 복음서에서 보여 준 행동과 말을 통해 예수를 진정으로 따르고 있는 참다운 제자의 모습을 보여 주고 있다고 말할 수 있다. 이런 의미에서, 예수가 사랑한 제자는 베드로와 전혀 다른 인물을 대변하고 있다. 베드로는 늘 적극적이었지만 동시에 매우 연약한 인물이었기 때문이다.

예수에게서 사랑받고 있다는 확신은 그 제자에게 예수를 알아볼 수 있는 깊은 직관과 빠른 통찰력을 주었다. 그러나 그것으로 끝나지 않는다. 그 확신은 마침내 그가 자신의 미래를 – 그 끝이 어떤 것이든 간에 – 예수의 손에 내맡길 수 있도록 이끌어 줄 것이다(C. M. Martini).

클라우디오 아를레티 신부

Don Claudio Arletti

요한 복음서에 나오는 믿음의 인물들

제9장

마리아 막달레나

너는 이것을 믿느냐?

마리아 막달레나의 이야기를 특징짓는 것은 바로 '서 있음'이다.
십자가 곁에 서 있었고, 무덤에 서 있었다.
그렇게 '머물렀고', '견디었으며', '그 자리에 있었던' 것이다.
마리아 막달레나의 이야기 전체가 인내와 용기, 사랑에 따른 결단으로
예수 곁에 머무르고 있음을 말해 주고 있다.

둘러보기

요한 복음서에 등장하는 인물들 가운데 몇몇 여인의 역할은 매우 중요하다. 예수의 어머니(2,1-12; 19,25-27), 사마리아 여인(4,1-42), 간음한 여인(8,1-11), 마르타와 마리아(11,1-12,8), 마리아 막달레나(19,25-27; 20,1-18) 등 이 여인들을 열거하는 것만으로도 그 중요성을 잘 알 수 있다. 이들은 다음 구절이 전해 주는 요한 복음서의 메시지를 설득력 있게 전달하는 데에 중요한 자리를 차지한다. "이것들을 기록한 목적은 예수님께서 메시아시며 하느님의 아드님이심을 여러분이 믿고, 또 그렇게 믿어서 그분의 이름으로 생명을 얻게 하려는 것이다"(20,31). 요한 복음서의 여인들은 자신들의 말과 행동과 침묵을 통해 독자 안에서 믿음이 자라나게 한다. 그런데 이들 모두가 신심, 예술, 문학, 음악 등 다방면에서 사람들의 신앙 성숙에 막대한 기여를 해왔던 반면, 특이하게도 마리아 막달레나의 경우는 매우 복합적이다. 이러한 여러 분야에서 그녀는 영예스러우면서도 한편으로는 치욕적인 역사를 지녀 왔던 것이다. 주지하다시피 외경[32]에서 볼 수 있는 그녀와 관련된 전설들은 역사적 자료가 아니라, 그녀와 관련된 환상으로 빚어진 것들이다. 오늘날에도 여전히 남아 있는 이 환상들 가운데는 그녀에 대한 정보를 바탕으로 나온 것도 있지만 완전히 무지한 상태에서 탄생한 것도 있다. 또한 그녀를 공경하려는 신심에서 나온 것도 있지만 평가절하하기 위해서 생겨난 것도 있다. 사실 마리아 막달레나에 관한 성경 자료 자체가 적기 때문에 그녀와 관련된 외경들도 각색될 수밖에 없었다. 그러나 이 외경들은 우리의 흥미를 유발했고, 지금까지도 그녀에 대해 지나치게 비약된 이야기를 거듭 생성해 왔으며, 최근에는 티베리아스 호수 주위에

---

[32] 외경(apocrifa; apocrypha)이란 성경의 여러 작품과 비슷한 문학형식과 주제를 갖추었지만 정경에 포함되지 않은 작품들을 가리킨다. 구약의 외경은 대체적으로 묵시문학적 성격을 띠며 신약의 외경은 주로 영지주의적 색채를 지닌다. 마리아 막달레나가 언급된 외경으로는 《마리아 막달레나 복음서》, 《필립보 복음서》, 《토마스 복음서》 등이 있다.

있는 막달라(현재 지명: Migdal) 지역에 대한 고고학적 발굴에까지 이르게 하였다. 왜 이렇게 마리아 막달레나에게 큰 관심을 가지는 것일까? 막달라 여자 마리아에 대해 사실이라고 말할 수 있는 것은 무엇인가? 어떤 것이 우리의 신앙에 도움이 되는가?

네 복음서 가운데 우선 루카 복음서가 예수를 따르는 여자들 명단에서 마리아 막달레나를 언급한다(루카 8,1-3). 루카 복음사가는 다른 여자들에 대해서는 부유한 사람들로서 예수에게 경제적인 도움을 주었다고 밝히는 데 반해, 마리아 막달레나는 "일곱 마귀가 떨어져 나간" 여인이라고 소개한다. 다른 복음서에서는 마리아 막달레나가 예수의 죽음에 대한 증인으로 소개된다. "그들 가운데에는 마리아 막달레나, 야고보와 요셉의 어머니 마리아, 제베대오 아들들의 어머니도 있었다"(마태 27,56). 그리고 "다른 마리아"와 함께, 예수가 무덤에 묻히는 것(마태 27,61)과 안식일 다음날 그 무덤이 비어 있는 것(마태 28,1)을 발견한 증인으로 언급된다.[33] 요한 복음서는 빈 무덤 사화에서 그

---

[33] 마태오 복음서에서 마리아 막달레나를 언급한 구절들은 마르코 복음서에서도 똑같이 나온다(마르 15,40.47; 16,1). 반면 루카 복음서에서는 예수의 죽음과 무덤에 묻히는 것을 지켜본 여자들에 대해 언급은 하지만 그들의 이름을 구체적으로 밝히지 않는다(루카 23,49.55). 다만 빈 무덤 사화에 이르러서

녀를 언급하는데, 예수의 빈 무덤을 '홀로' 찾아간 사람이라고 전하며 좀 더 특별한 방식으로 소개를 한다(20,1-2).

사람들은 성경이 직접 알려 주는 내용보다도 자신들의 상상력에 따라 마리아 막달레나에 대한 이미지를 형성해 왔다. 그리고 이 상상력은 다양한 성경 구절에 더해져서 한 여인의 실질적인 모습을 만들어 냈다. 가령 루카 복음서에 이름이 소개되지 않은 죄 많은 여인이 예수의 발에 향유를 붓는 장면이 있다(루카 7,37-38). 그런데 마태오와 마르코 복음서에서는 예수가 베타니아에 있는 나병 환자 시몬의 집에 머물고 있을 때 어떤 여인이 찾아와 그의 머리에 향유를 부은 것으로 나온다(마태 26,6-13; 마르 14,3-9). 요한 복음서에서는 라자로와 마르타의 여동생인 베타니아의 마리아가 예수의 발에 값비싼 향유를 붓고 자기 머리카락으로 그 발을 닦는다(11,2; 12,2-3). 이렇게 비슷하면서도 서로 다른 대목들이 존재하다 보니 서방 교회 전통에서는 둘 혹은 세 명인 이 여인들을 한 인물로 여겨 왔다(A. Marchadour). 또 다른 예를 들자면, 영지주의 세계에서 마리아 막달레나를 스승과 영적으로 특별한 친교를 이루어 완전성에 도달한 완벽한 제

이 여자들의 이름을 언급한다(루카 24,10: "마리아 막달레나, 요안나, 야고보의 어머니 마리아").

자의 모범으로 그리는데(《필립보 복음서》 63,34-66 참조), 오늘날 어떤 이들은 이 영적 친밀성을 잘못 이해하여 마리아 막달레나가 예수와 성적인 관계를 가졌다고 곡해하고 있다. 이는 외경의 문헌들과 그 가르침에서도 매우 낯선 것이다. 네 복음서와 고대의 다른 전승들에서 막달레나를 그렇게 묘사한 경우는 전혀 없다(D. L. Bock 참조).

그렇다면 요한 복음서는 마리아 막달레나에 관해 무엇을 우리에게 말하고 있는가? 어떻게 그녀를 묘사하고 있는가? 우선 중요하게 고려해야 할 점은 요한 복음사가가 공관복음서나 외경의 복음서에서 전하는 마리아 막달레나의 모습에 대해서는 침묵한다는 사실이다. 말하자면 스승을 향해 그녀가 보여 주는 믿음과 사랑(《마리아 막달레나 복음서》 참조)에 대해서는 언급하지 않는 것이다. 다만 그녀를 '예수의 때'(ὥρα) 곧 그의 계시가 절정에 달한 파스카 사건과 연결시켜 놓음으로써 그녀의 믿음과 사랑에 대해 간접적으로 전한다. "너희는 사람의 아들을 들어 올린 뒤에야 내가 나임을 … 깨달을 것이다"(8,28). 이렇듯 마리아 막달레나는 요한 복음서 전체에서 가장 중요한 핵심이 된 예수의 죽음과 부활 장면에서 등장한다. 그녀가 요한 복음서에서 처음으로 언급된 곳은 십자가 곁에 예수의 어머니와 함께 조용히 서 있는 장면(19,25-27)이고, 그 외에 무덤이 비어 있는 사실을 발견하는 장면(20,1-2)과 마지막으로 무덤 밖에서 부활한 예수를 만나는 장면(20,11-18)에 나온다. 이 세 장면은 짧지만 지닌 의미가 풍요롭다. 그리고 그 의미는 마리아 막달레나가 걸었던 믿음의 여정에 관한 것으로서 이 시대를 살아가는 독자들에게도 시사하는 바가 크다. 이어지는 '구절 풀이'에서 이 세 장면을 살펴보도록 하자.

구절 풀이

19,25-27

"예수님의 십자가 곁에는 그분의 어머니와 이모, 클로파스의 아내 마리아와 마리아 막달레나가 서 있었다"(25절). 이 구절은 군사들이 예수의 옷을 빼앗는 장면(23-24절)과 예수의 죽음, 그리고 성령이 선물로 주어지는 장면(28-30절) 사이에 있다. 우선 이 구절에 언급된 예수의 어머니는 아들의 '결정적인 때'(ὥρα)의 시작(2,4)과 끝(20,30)에 등장한다. 그녀는 '그' 어머니다.[34] '그의' 어머니면서 그대가 마음을 연다면 '그대의' 어머니가 된다. 이 구절에는 여인 네 명이 – 원문을 어떻게 번역하느냐에 따라 세 명[35] – 등장한다. 어떤 이들은 이 네 여자가 예수의 옷을 네 몫(!)으로 나누어 가져간 군사들과 대조를 이룬다고 본다. 예수가 어머니와 사랑한 제자에게 한 말은 하느님의 새로운 자녀인 교회 전체를 향한 것이다. 예수는 죽은 뒤에도 그 교회 안에 현존하고 활동하게 될 것이다.

---

[34] '그분의 어머니'가 '그 어머니'라고 저자가 강조하는 이유는 '그분의 어머니'(ἡ μτηρ αὐτοῦ)를 직역했을 때 '그분의 그 어머니'이기 때문이다. 이는 '어머니' 앞에 정관사가 있다는 사실을 염두에 둔 것이다. 우리말에서는 정관사가 없기 때문에 대체로 '그'라는 말을 번역에서 생략한다. 그러나 그리스어에서 정관사는 본디 지시 대명사가 약화되어 생겨났기 때문에 기본적으로 '그'라는 의미를 가지고 있다.

[35] '그의 어머니와 이모, 클로파스의 아내 마리아와 마리아 막달레나'(ἡ μήτηρ αὐτοῦ καὶ ἡ ἀδελφὴ τῆς μητρὸς αὐτοῦ Μαρία ἡ Κλωπᾶ καὶ Μαρία ἡ Μαγδαληνή)는 그리스어 원문에서 영어의 'and'에 해당하는 등위 접속사 'καί'가 두 번 나오기 때문에 '그의 어머니와(καί) 이모인 클로파스의 아내 마리아와(καί) 마리아 막달레나'라고도 번역할 수 있다. 이 번역은 이모와 클로파스의 아내 마리아 사이에 등위 접속사가 없으므로 이모와 클로파스의 아내 마리아를 동일 인물로 보는 것이다(동격으로 취급). 그러나 학자들과 성경 역본의 대다수는 여인 네 명이 등장하는 것으로 본다.

그런데 이 장면에서 마리아 막달레나에 관해서는 그 자리에 있었다는 언급 외에 그 어떤 강조점도 찾아볼 수 없다. 다만 그리스어 동사 '히스테미'(ἵστημι: 서 있다)가 과거완료 시제로 사용되었다는 점에 주목할 필요가 있다. 이는 그녀가 십자가 곁에 이미 오랜 시간 서 있었음을 나타낼 뿐 아니라, 용감하게도 그녀가 자발적으로 그곳에 서 있기를 원하였음을 보여 준다. 사형수로 낙인찍힌 채 십자가에 매달린 이의 곁에 서 있는 것은 쉬운 일이 아니다. "너희가 내 말 안에 머무르면 참으로 나의 제자가 된다"(8,31)는 예수의 말에 비추어 볼 때, '서 있었다'는 표현은 이 여인들이야말로 예수의 '참된 제자들'이 되었음을 알려 준다. 그들이 그 자리에서 할 수 있는 것이라고는 아무것도 없었다. 그저 십자가로부터 멀리 달아나지 않고 사랑과 연민의 마음으로 예수 곁에 서 있는 것이 전부였다. 그러나 역설적이게도 바로 이 점이 그들이 예수에 대해 믿음과 희망을 간직하고 있음을 보여 준다. 다른 어느 때도 아닌 바로 그 순간, 다른 어느 장소도 아닌 바로 그 자리에서 예수의 곁에 서 있었음을 전하는 이 장면은 복음서의 그 어떤 대목보다도 주님을 향한 모범적인 신앙을 보여 주는 장면이다. 네 복음서 전체가 십자가 아래서 하느님의 새 백성이 탄생하였다고 전한다. 그런데 바로 그 자리에 마리아 막달레나가 서 있다. 다른 이들은 달아났으며, 열두 제자뿐 아니라 베드로까지도 그 자리에 있지 않았다. 십자가에 달린 예수의 발 아래에는 예수의 어머니, 그가 사랑하는 제자, 마리아 막달레나만이 있을 뿐이다. 이로써 마리아 막달레나는 '예수의 친구'(15,15)가 되고 착한 목자가 목숨을 바쳐 살리는 양(10,11)이 된다. 이 대목의 주인공인 주님은 임금의 위엄을 가지고 자신의 죽음을 적극적으로 받아들이고 있다. 그는 이 순간에도 자기 자신을 걱정하지 않고 오히려 다른 이들을 염려한다. 그리고 머지않은 때에 바로 그 자리에서 마리아 막달레나에게 새로운 생명을 줄 것이고, 그녀의 이름을 몸소 부르며 신앙의 새로운 눈을 뜨게 해 줄 것이다.

20,1-2

20장은 무덤에서의 장면(1-18절)과 어느 집에서의 장면(19-29절)으로 나뉜다. 첫 장면에서 1절부터 10절까지는 무덤이 비어 있는 것을 확인하는 내용이다. 마리아 막달레나는 예수의 무덤에 찾아갔다가 그 무덤이 비어 있는 것을 보고 제자들에게 이를 알린다(1-2절). 그러자 베드로와 예수가 사랑한 제자가 무덤으로 달려간다(3-10절). 여기서 우리가 다룰 내용은 1-2절이다. 부활 사화가 시작되는 이 구절에는 시간을 언급하는 "주간 첫날 이른 아침"이라는 표현이 나온다. 이 표현은 세상을 향해 새로운 날이 시작되었음을 알리는 것이라 할 수 있다(2코린 5,17 참조). 그런데 새 창조가 시작되었지만 그 누구도 그것을 알아차리지 못하였다. 그때가 아마도 새벽 3시에서 6시 사이였을 테니 새로운 하루가 시작된 동시에 아직 밤이 끝나지 않은 것이다. 시간에 대한 이 언급은 영적 의미를 담고 있는데 이는 마치 요한 복음서에서 '어둠'(σκοτία)이 중요한 의미로 쓰이는 것과 같은 이치이다(1,5; 6,17; 8,12; 12,35.46; 20,1). 그런데 바로 이 시간에 마리아 막달레나가 '무덤'에 갔다('무덤'은 그리스어로 '므네메이온' μνημεῖον이다. 이 말은 '기억'을 뜻하는 '므네모쉬네' μνημοσύνη에서 파생되었으므로 '무덤'은 본디 '기억의 장소'라고 풀이할 수 있다). 여기에서 마리아가 등장했다는 것은 이 대목이 십자가 곁에 서 있던 것(19,25)과 연장선상에 놓여 있다는 것을 알릴 뿐 아니라, 그것의 의미를 심화시킨다. 요한 복음사가는 이 장면에서 마태오 복음서(28,1: "마리아 막달레나와 다른 마리아"), 마르코 복음서(16,1: "마리아 막달레나와 야고보의 어머니 마리아와 살로메")와는 달리 다른 여자들을 언급하지 않는다. 오직 마리아 막달레나만을 집중적으로 조명하며 그녀와 예수의 만남이라는 중요한 이야기를 준비한다. 또 마르코 복음서와 루카 복음서가 '향료를 예수님께 발라 드리려고' 무덤에 찾아갔다(루카 24,1)고 전하는

데 반해 요한 복음서에서는 아무런 동기도 밝히지 않는다. 그저 마음의 동요가 일어났기에 찾아간 것이다(X. Léon-Dufour). 마리아 막달레나는 자기가 사랑했고 따르던 스승, 그러나 이제는 죽어서 무덤에 누워 있는 그 스승을 마지막으로 만나기 위해 그곳을 찾아갔다. 독자들은 이 장면 안에 풍요로운 의미가 가득하다는 것을 짐작은 하겠지만, 아직은 그 의미를 정확히 파악하지 못한다. 어쨌든 마리아가 돌이 치워져 있는 것(11,39.41 참조)을 보았을 때 그녀는 무덤 안으로 들어가지 않고 열두 제자의 수장인 베드로와 예수가 사랑한 제자에게 달려간다. 공관 복음서에서는 천사들이 알려 준 소식을 전한다고 나와 있지만, 요한 복음서에는 그런 내용이 없다. 다만 무덤을 막았던 돌이 치워졌다는 사실을 두고 마리아는 그저 누군가가 예수의 시신을 꺼내갔을 것이라고 추정한다고만 나와 있다(이 내용은 어쩌면 제자들이 밤중에 예수의 시신을 훔쳐갔다는 거짓 소문을 퍼뜨렸다는 마태 28,11-15을 반영한 것일지도 모른다). 이 장면의 첫 구절에 나온 "아직도 어두울 때"라는 표현이 여전히 마리아 막달레나와 제자들에게 적용되고 있는 것이다. 이어서 베드로와 예수가 사랑한 제자가 무덤을 향해 달려간다. 예수의 부재不在라는 표징에서 부활 신앙이 이제 시작되는 것이다(I. de la Potterie).

20,11-18

마리아 막달레나가 무덤을 방문한 이야기는 20,2에서 끊겼다가 20,11에서 다시 이어진다. 상심에 젖어 있는 그녀에게 두 천사가 나타나고 이어 예수가 나타나 그 자리에 서 있지만 놀랍게도 그녀는 천사들도, 예수도 알아보지 못한다. 예수가 그녀의 이름을 불렀을 때에야 그녀는 그를 알아보고 제자들에게 가서 예수의 부활 소식을 전한다.

11-15절: 예수를 찾아 나서지만 알아보지 못하는 마리아

마리아는 예수의 시신을 찾아 헤맨다. 마치 십자가 곁에 있었을 때처럼 지금은 무덤 곁에 서 있다. 그리고 부활 신비의 표면만 겉돌며 무지의 어둠 속에 갇힌 채 울고 있다. 목메어 울고 있는 그녀의 이러한 모습이 두 번에 걸쳐 '울고 있다'(κλαίω)는 동사로 표현된다(X. Léon-Dufour). 그녀의 눈물은 라자로의 무덤 곁에서 통곡하던 다른 마리아와 유다인들의 눈물을 떠올리게 한다(11,31.33). 마리아 막달레나는 고통에 잠긴 나머지 하얀 옷을 입은 두 천사가 나타났는데도 전혀 놀라지 않는다(성경에서 하얀 색은 천상 존재의 색이다: 다니 7,9; 묵시 1,10.14; 4,4 등). 한 천사는 예수의 시신이 놓였던 자리 머리맡에, 다른 천사는 발치에 있었다(12절). 이는 예수의 지상 생활이 끝난 자리에 경의를 표시한 것으로 볼 수 있다. 혹은 계약의 궤를 덮은 속죄판 양쪽 끝에 커룹 둘이 놓여 있는 것처럼(탈출 25,17-22; 1열왕 6,22-28; 히브 9,5), 예수가 묻힌 자리에도 두 천사가 있는 것이라고 볼 수도 있다(이에 관한 학자들의 의견은 분분하다. F. J. Moloney의 논문을 참조하라). 어쨌든 두 천사의 출현이 막달레나에게는 부활을 알리는 표징이 되지 않는다. 요한 복음서에서 부활 소식은 천사들이 아니라 예수의 발현에서 오며, 천사의 출현은 그저 하느님께서 역사에 개입하신다는 사실을 알려 주는 역할만 한다. "왜 우느냐?"(13ㄱ절)라는 천사의 질문은 이러한 하느님의 개입을 떠올리게 한다. 마리아는 이 질문에 대해 제자들에게 전했던 말과 비슷하게 대답한다. "누가 저의 주님을 꺼내 갔습니다. 어디에 모셨는지 모르겠습니다." 그런데 20,2("누가 주님을 무덤에서 꺼내 갔습니다. 어디에 모셨는지 모르겠습니다")에서는 '저의'라는 표현이 없었고, '모르겠습니다'라는 동사 역시 1인칭 복수(οἴδαμεν: '우리가 모르겠습니다')로 되어 있었다. 이는 아마도 처음 빈 무덤을 발견한 사람이 마리아 혼자가 아니고, 다른 여자들도 거기에 있었음을 암시하는 것이라 할 수 있다(R. E. Brown, *Giovanni*). 혹은 나중에야 비로소 믿게 된 베드로와 예수가 사랑한 제자(요한)까지 포함한 복수일 수도 있다(F. J. Moloney). 어쨌든 마리아는 불신앙의 틀 속에 자신을 가두고 있었고, 심지어 뒤로 돌아섰을 때 예수가 있는 것을 보았음에도 그 틀을 깨지 못한다. 그를 알아보지 못했던 것이다. 예수는 이미 천사들이 던졌던 질문을 반복하고 나서 이렇게 묻는다. "누구를 찾느냐?"(15절) 이 물음은 요한의 두 제자가 예수로부터 부름을 받을 때(1,38)와 예수가 수난 전날 체포당할 때(18,4) 던졌던 질문인데, 천상적인 차원에서 이해해야 한다. 그러나 마리아는 "선생님, 선생님께서 그분을 옮겨 가셨으면 어디에 모셨는지 저에게 말씀해 주십시오. 제가 모셔 가겠습니다"라고 말하며 이 질문을 지상적인 차원으로 알아듣는다. 마치 요한의 두 제자가 이 질문에 "라삐, 어디에 묵고 계십니까?"(1,38) 하고 반문하였던 것처럼 말이다. 예수가 이제는 아버지 하느님과 함께 머무는 존재가 되었음에도 불구하고 마리아는 그를 정원지기, 혹은 예수의 시신을 옮겨 간 사람으로 생각하고 있다. 그리고 자신 앞에 나타난 예수에게 왜 무덤이 비었는지 그 의구심을 해소시켜 달라고 청한다. 마리아의 이 청원에는 요한 복음서 고유의 역설적 표현이 담겨 있어 독자들을 웃음 짓게 한다. 그 청원 자체가 부활한 예수를 알아보지 못한 채 던진 말이지만, 어쨌거나 마리아의 말처럼 예수만이 빈 무덤에 대한 모든 의구심을 해소시켜 줄 수 있기 때문이다. 누군가 시신을 훔쳐 갔다고 생각해서 한 이 말이 예수가 이미 부활하였음을 알고 있는 독자들 입장에서는 달리 들릴 수 있는 것이다.

16-18절:
예수를 알아보고 사명을 받으며 그 사명을 수행하는 마리아

예수는 착한 목자의 비유(10,3.14)를 통해 자신이 어떤 존재인지 밝힌 바 있다. 그런데 이제 그 비유에 맞갖게 이 여인의 이름을 부른다. "마리아야!"(16절) 이 말 한 마디만으로 충분했다. 그녀는 다시 돌아선다. 예수를 알아본 마리아는 예수의 공생활 기간 내내 자신이 사용했던 호칭으로 예수를 부른다. "라뿌니!" "저의 스승님!"(1,38.49; 3,2; 4,31; 6,25; 9,2; 11,8 참조) 이는 마음 깊은 곳에서 뿜어 나오는 외침으로, 이 이야기에서 중심이 된다. 그러나 요한 복음사가는 이에 대한 자세한 언급을 절제하며 담담히 그 순간을 전하고 있다.

마침내 예수가 "너희가 근심하겠지만, 그러나 너희의 근심은 기쁨으로 바뀔 것이다"(16,20)라고 예고하셨던 그 기쁨의 외침이 이루어졌다. 마리아는 자신의 스승이 십자가 위에서 죽은 것을 이미 보지 않았던가? 그런데 이제 살아 있는 예수를 만나게 되었다. 다만 이 마리아의 외침에서 독자들은 그녀의 신앙고백이 아직 온전하지는 않다는 것을 안다. '라삐'라는 표현은 사실 초보적인 신앙 단계에서 예수를 부르는 호칭이며, 그의 지상적인 사명에만 한정된 호칭이기 때문이다. 그녀는 아직도 예수를 '라삐'로 받아들이고 그를 육적인 차원에서 만나고 있으며 여전히 과거에 붙들려 있다. 그저 부분적인 신앙에 머물러 있고, 자기 스스로가 기대하는 정도의 믿음, 자신에게 필요한 만큼의 믿음에서 벗어나지 못한 것이다. 17절에서 예수는 이러한 마리아를 제지하려 든다. "나를 더 이상 붙들지 마라." 이 말은 그리스어로 '메 무 하프투'(μέ μου ἅπτου)인데 다양하게 번역될 수 있다. '나를 만지지 마라', '나를 붙들지 마라', '나를 붙잡지 마라'(R. E. Brown, *Giovanni*). 이어서 예수는 자신이 아직 아버지 하느님께 올라가지 않았다고 붙들지 말아야 하는 이유를 전한다. 그는 라자로가 되살아났던 방식으로 죽음에서 돌아온 것이 아니다(11,44 참조: 라자로는 죽었다가 다시 살아났지만 때가 되면 다시 죽게 될 것이다). 라자로와는 전혀 다른, 완전히 새로운 차원에서 살아난 것이기에 하느님 아버지께 올라가야 하는 것이다. 그는 제자들이 유다인들이 두려워서 잠가 놓은 문도 통과할 것이다(20,19 참조). 따라서 마리아에게 붙들지 말라고 한 것은 그녀와의 단절을 가리키는 것이 아니다. 부활하여 새로운 차원의 육신을 입은 것처럼 마리아와도 그렇게 새로운 관계를 이루려는 것이며, 제자들에게 가서 부활 소식을 전하는 사명이 급박함을 알려 주는 것이다(17절). 예수의 이 말을 믿음의 여정이라는 관점에서 알아들어야 한다(20,31 참조). 예수는 며칠 후에 토마스에게 이렇게 말할 것이다. "네 손가락을 여기 대 보고 내 손을 보아라. 네 손을 뻗어 내 옆구리에 넣어 보아라. 그리고 의심을 버리고 믿어라"(20,27). 요컨대 예수와 마리아의 만남은 부활이라는 하느님의 업적을 기념하는 사건이자 이를 다른 이에게 알려야 하는 하나의 사명으로 발전한 것이다.

제자들을 향한 메시지인 "나는 내 아버지시며 너희의 아버지신 분, 내 하느님이시며 너희의 하느님이신 분께 올라간다"(20,17ㄴ)라는 말은 예수가 세상을 이겼음을 확인시켜 준다. 지상에서 해야 할 사명을 다 이룬 것이다. 그는 하느님에게서 나와(8,42; 16,27-28), 하늘에서 내려오고(3,13; 6,33.38.49-51.58) 자신의 일을 완성하였다. 그리고 이제 영광을 받게 되었으니 마침내 '그의 아버지'가 이제 '우리의 아버지'가 되셨다. 사람들을 하느님의 자녀가 되게 하는 것, 바로 이것이 예수가 이룬 업적이다. "그분께서는 당신을 받아들이는 이들, 당신의 이름을 믿는 모든 이에게 하느님의 자녀가 되는 권한을 주셨다"(1,12). 또한 룻이 나오미에게 한 말이 성취된 것이기도 하다. "어머님의 하느님이 제 하느님이십니다"(룻 1,16). 20,17 후반부에 "내 하느님"이라는 표현이 "너희의 하느님"보다 앞서 나온 것은 예수와 하느님의 관계가 우선적이라는 것을 강조하기 위한 것이다(X. Léon-Dufour).

18절에서 마리아 막달레나는 제자들에게 급히 가서 예수의 부활 소식을 전한다. "제가 주님을 뵈었습니다." 그리고 예수가 자신에게 준 메시지를 전한다. 이야기의 서두(20,2)에서처럼 예수에 관한 소식을 제자들에게 전하는 역할을 하는 것이다. 또 그녀는 20,2.13에서처럼 예수를 '주님'(κύριος)이라고 부른다. 이제 그녀가 부르는 주님은 죽은 이가 아니라, 살아 계신 분이다.

어쩌면 요한 복음사가는 마리아가 예수를 찾는 과정을 그려가면서 아가서의 대목을 연상했을지도 모른다(J. Mateos-J. Barretos, Y. Simoens).

> 나는 잠자리에서 밤새도록 내가 사랑하는 이를 찾아다녔네.
> 그이를 찾으려 하였건만 찾아내지 못하였다네.
> '나 일어나 성읍을 돌아다니리라.
> 거리와 광장마다 돌아다니며 내가 사랑하는 이를 찾으리라.'
> 그이를 찾으려 하였건만 찾아내지 못하였다네.
> 성읍을 돌아다니는 야경꾼들이 나를 보았네.
> "내가 사랑하는 이를 보셨나요?"
> 그들을 지나치자마자 나는
> 내가 사랑하는 이를 찾았네.
> 나 그이를 붙잡고 놓지 않았네,
> 내 어머니의 집으로,

나를 잉태하신 분의 방으로 인도할 때까지(아가 3,1-4).

의심할 여지 없이 요한 복음 20장과 아가서의 대목은 상당히 비슷한 경험을 묘사하고 있고 이를 표현하는 어휘들까지도 유사하다. 마리아 막달레나가 예수를 찾아 헤맨 때가 밤이었듯이 (20,13.15), 아가서의 노래도 그러하다(아가 3,1-2). 처음에 마리아가 두 천사를 만난 것처럼, 아가서의 여인은 야경꾼들을 만난다. 두 본문 모두 여자와 상대방 사이의 만남과 대화가 담겨있다. 그러나 만남의 양상은 저마다 다르다. 아가서의 노래에서 여인은 자신의 연인을 붙잡고선 놓지 않는다(아가 3,4). 반면 예수는 마리아에게 자신을 붙들지 말라고 명시적으로 밝히고 (17절), 자기 형제들에게 가서 희망의 메시지를 전하라고 명한다 (17-18절). 그리스도의 부활은 종착점이 아니라 항상 출발점이기 때문이다(J. L. Ska).

삶 속에서 되새기기

마리아 막달레나의 이야기를 통해 오늘을 사는 사람들에게 어떤 가르침을 전할 수 있을까? 많은 것을 다룰 수 있지만 다음의 몇 가지로 분류해 보자.

신앙은 선물이다: 마리아 막달레나는 예수를 찾아 헤매지만 사실은 예수가 그녀를 찾고 있었음을 깨달아야 한다. 우리 각자는 순수한 태도에서부터 불순한 태도에 이르기까지 어떤 형태로든 하느님을 찾아 헤매지만, 이를 뒤집어서 생각해 보면 하느님께서 먼저 우리를 찾고 계신다는 사실을 깨닫게 된다. 길 잃은 양이 아무리 엉겅퀴에서 벗어나 양 떼들 사이로 돌아가려고 애를 쓴다 해도, 착한 목자가 그 엉겅퀴 틈 속을 들여다보지 않는다면 아무런 소용이 없다(성 아우구스티노). 신앙은 올바른 행실에 대한 상급이 아니라 사랑이신 하느님(1요한 4,16)께서 무상으로 주시는 선물이다. 그분께서는 우리 마음의 문 앞에 서서 그 문을 두드리신다(아가 5,2; 묵시 3,20). 먼저 나서시는 분은 그분이시다. 그런데 우리는 하느님과의 만남을 약속하고서 때로는 그 약속 장소에 나타나지 않기도 한다. 포도밭에 가겠다고 말을 해 놓고서는 가지 않는 둘째 아들처럼 말이다(마태 21,28-

32). 또한 하느님께서 계신 곳에 머물러 있으면서도 정작 그분을 알아보지 못할 때도 있다(요한 20,15; 루카 24,16).

신앙은 눈물이다: 그러나 이 눈물은 예수를 생각하며 흘리는 우리의 눈물을 가리키는 것이 아니다. 오히려 친구를 위해 흘리시는 예수의 눈물이 우리의 신앙을 지탱해 준다(요한 11,35). 평화를 알지 못하는 예루살렘을 위해 흘리는 예수의 눈물이 우리의 신앙을 요동치게 한다(루카 19,41-42). 사실 무덤(μνημεῖον, '기억의 장소')으로 들어간 이는 예수가 아니라 마리아였다. 그녀는 기억의 노예가 되어 비탄 속에 갇힌 채 되돌릴 수 없는 지난날을 생각하며 눈물을 흘리고 진정한 현재 상황을 바라보지 못한다. 정작 예수는 살아 있건만 그녀는 죽은 예수를 떠올리며 눈물을 흘리고 있다. 어쩌면 요한 복음사가는 상징적 의미에서 마리아가 죽어 있음을 묘사한 것인지도 모른다. 그녀는 '죽음의 힘' 안에 멈추어 서서 무덤 속에 들어가 있다. 반면 예수는 우리의 눈물을 친히 바라보고 우리의 슬픔 안으로 들어오신다. "왜 우느냐?"(20,15) 하고 물으며 괴로웠던 순간들을 우리가 다시금 성찰하기를 원한다. "네가 믿으면 하느님의 영광을 보리라고 내가 말하지 않았느냐?"(11,40)는 그의 말과 함께 슬픔의 시간 속으로 새롭게 들어가기를 원하는 것이다. 바로 이때 우리가 눈물을 흘리는 이유가 달라진다. 더 이상 예수 때문에 우는 것이

아니라, 오히려 우리의 삶 때문에, 우리의 이기심 때문에, 공동체로부터, 가난한 형제로부터, 온갖 덕으로부터 도망치려는 욕구 때문에 회개의 눈물을 흘리게 되는 것이다. 성금요일 십자가의 길에서 예수는 자기 때문에 울고 있는 예루살렘 여인들에게 이렇게 말하였다. "예루살렘의 딸들아, 나 때문에 울지 말고 너희와 너희 자녀들 때문에 울어라"(루카 23,28). 예수를 두고 우리가 해야 할 일은 그저 우는 것이 아니라 회개하는 것이고 그를 찾는 것이다.

신앙은 찾는 것이다: 예수가 묻는다. "누구를 찾느냐?"(20,15) 예수의 이 질문은 수천 가지의 대답을 해야 할 정도로 가치가 있다. 우리가 찾는 것이 무엇인지를 묻는 것은 과연 어떤 것이 우리 삶에 의미가 있는지를 묻는 것이다. 어떤 이는 찾아 나서고, 어떤 이는 쫓는다. 마리아는 무덤에서, 죽음의 엉겅퀴 안에서 예수를 찾아 헤맸다. 무덤이 비어 있다는 사실도 믿고 싶어 하지 않았고, 예수가 사라져 버렸다는 사실도 받아들이려 하지 않았다. 그녀 위에 놓인 중압감은 견딜 수 없는 것이었다. "자신에게 말을 건넨 천사들에게서 등을 돌렸다는 것은 그녀가 천사들의 메시지를 거부하고 있다는 명백한 표시다"(U. Vanni). 마리아는 누구를 찾고 있던 것인가? 그럼 그대는 찾고 있는가? 그대는 누구를 찾고 있는가? 자신이 진정 무엇을 찾고 있는지를

묻는 것은 믿음의 여정에서 반드시 거쳐야 할 단계다. 돈 토니노 벨로(Don Tonino Bello)가 썼듯이 사람들 모두가 더 이상 우리를 찾지 않는다는 사실보다 더 놀라운 것은 우리 자신이 그 누구도 찾으려 들지 않는다는 점이다. "찾아라, 너희가 얻을 것이다"(마태 7,7). 그대가 하느님을 찾으려 한다면, 그분을 발견하게 될 것이다. 아니, 그분께서 그대를 발견하실 것이다.

신앙은 부르심이다: 예수가 "마리아야!"(20,16) 하고 부른다. 이는 자기 양들의 이름을 하나 하나 불러 밖으로 데리고 나가는 착한 목자의 목소리다. 마치 라자로의 무덤 밖에서 그의 이름을 불렀던 것처럼, 예수는 우리 각자의 이름을 부르며 우리가 우리 자신의 "회칠한 무덤"(마태 23,27)에서 나오기를 원한다. 울고 있는 우리를 당황하게 만드는 부름이 아니라 오히려 결코 위로받지 못할 것만 같은 우리의 눈물에 대한 응답이다. 그의 부름은 우리가 생명을 누릴 수 있도록 우리에게 주어진 선물이다.

신앙은 여정이다: 마리아 막달레나는 죽음에서 삶으로, 슬픔에서 기쁨으로 나아가는 여정을 걸었다. 신앙이 선물이라면 그것은 마찬가지로 하나의 여정이기도 하다. 마리아 막달레나는 사랑하는 이 때문에 느끼는 고통에 사로잡혀 있었기 때문에 비록 대화 자체를 거부하지는 않는다 할지라도 마치 귀머거리처럼 그 누구의 말도 제대로 듣지 못하였다. 그녀가 천사들 그

리고 예수와 주고 받았던 대화를 보면 마치 서로가 말을 알아듣지 못한 채 대화를 나누는 것처럼 느껴진다. 이는 요한 복음서에서 전형적으로 나오는 대화 형식이기도 하다. 곧 한 사람이 질문을 하면 다른 사람이 또 다른 질문으로 대답을 한다. 이때 그 질문은 먼저 한 질문과 별로 상관이 없는 엉뚱한 것이다. 그러나 이러한 몰이해와 여러 어려움에도 불구하고 계속되는 대화를 통해 마리아는 결국 깨달음을 얻게 되고, 그 깨달음은 형제들을 향한 사명으로 이어진다. 달리 말해서 막달레나는 점진적으로 깨달음의 여정의 끝에 다다른 것이다(C. M. Martini). 엠마오로 가는 두 제자가 그러했던 것처럼 말이다. 여기서 이 여정을 안내해 주는 이는 바로 예수다. 이미 죽었을 뿐 아니라 무덤에서 사라져버려 마리아를 실의에 빠지게 했던 바로 그 예수가 이 여정을 안내하는 것이다. 어쩌면 우리가 폭풍우에 허우적대고 있을 때에도 예수는 배 위에서 편안히 잠을 자고 있는 것처럼 보일지 모른다. 그러나 사실 그는 깨어 온 우주를 다스리고 있다.

신앙은 서 있는 것이다: 우리가 마리아 막달레나에게서 배울 점은 무엇일까? 예수를 알아볼 수 있었던 신앙적 통찰력일까? 아니다. 그것은 오히려 그녀의 신앙에 따른 결과이다. 마리아는 그리스도가 부활했다는 사실조차 모르고 있었다. 그녀에게서 배울 위대한 점은 바로 인내와 용기다. 마리아 막달레나의 이야기를 특징짓는 것은 바로 '서 있음'이다. 십자가 곁에 서 있었고, 무덤에 서 있었다. 그렇게 '머물렀고', '견디었으며', '그 자리에 있었던' 것이다. 요한 복음서에서 자주 나오는 동사 '머무르다'(μένω)[36]가 사용되지는 않았지만 마리아 막달레나의 이야기 전체가 인내와 용기, 사랑에 따른 결단으로 예수 곁에 머무르고 있음을 말해 주고 있다. 신앙의 삶에서 상급을 얻게 하는 것이 바로 이것이다! 예수가 말한다. "너희는 인내로써 생명을 얻어라"(루카 21,19).

신앙은 증언의 직무이다: 예수는 마리아 막달레나를 여러 사도 가운데 한 사람으로 선택하였다. 그는 새롭고도 무한한 지평을 펼치며 기존의 관례를 뒤집어 놓는다. 구약의 율법에 따르면 여자는 재판정에서 증언할 수가 없었다. 그런데 부활한 예수는 마리아 막달레나를 파견함으로써 이 종교적 관행을 무너뜨린다. 이로써 부활한 이를 증언해야 하거나 증언할 수 있는 사람이라면 그가 누구든 자기 형제들에게 달려가야만 하고 또 그렇게 할 수 있는 자격을 얻게 되었다. 그 누구도 자신을 증인이

---

[36]_ 이 동사는 마태오 복음서에 3회, 마르코 복음서에 2회, 루카 복음서에 7회 나오는데, 요한 복음서에는 40회나 사용되었다.

되기에 부당하다고 여겨서는 안 된다. 이것이 하느님께서 항상 하셨던 선택 방식이다. 그분은 예수의 탄생에 대한 증인으로 목자들을 선택하셨고, 부활에 대한 증인으로 막달레나를 선택하셨다. 그 어떤 사람도 이 선택 앞에서 변명이나 핑계를 늘어놓을 수 없다. 무엇보다도 그 부르심에 지체 없이 응답해야 한다. "내 형제들에게 가서, … 전하여라"(20,17).

신앙은 하느님에 대한 새로운 시선이다: 마리아 막달레나가 저지른 잘못 가운데 하나는 예수를 그저 '라뿌니'로 여겼다는 점이다. 이는 카이사리아 필리피에서 예수가 던진 질문에 제자들이 대답했던 것과 다르지 않다. "세례자 요한이라고 합니다. 그러나 어떤 이들은 엘리야라 하고, 또 어떤 이들은 예레미야나 예언자 가운데 한 분이라고 합니다"(마태 16,14). 또 엠마오로 가는 두 제자가 예수에 대해 죽었다가 다시 살아나신 이, 하느님의 아들이라고 고백하지 않고 그저 "하느님과 온 백성 앞에서, 행동과 말씀에 힘이 있는 예언자"(루카 24,19)라고만 말했던 것과도 비슷하다. 신앙은 예수가 바로 하느님임을 믿는 것이다. 그가 항상 살아 있으며, 오늘날에도 성사와 말씀, 사랑의 실천을 통해 우리 삶 속에 활동하고 있다는 사실을 믿는 것이 바로 신앙이다.

신앙은 전례 행위의 혁신이다: 마리아 막달레나가 한 것들 가운데 우리가 피해야 할 또 다른 점은 무엇인가? 마리아의 이야기에서 '주님'(Κύριος)이라는 호칭이 20,18 외에 20,2과 20,15에도 나온다.[37] 이 호칭은 본디 교회 안에서 '부활하신 주님'을 가리키는 말이지만, 마리아 막달레나는 이를 두 번에 걸쳐 다른 의미로 사용하였다. 곧 20,2과 20,15절에서는 '주님'이라는 말을 쓰기는 하지만, 죽은 이를 두고 한 것이었지, 살아 있는 이를 가리킨 것이 아니었다. 이렇게 사용된 '주님'이라는 호칭은 엄밀한 의미에서 적절하지 않다. 그런데 오늘날 많은 전례에서 바로 이런 오류를 범하고 있다. 대중의 눈높이에 맞게 전례를 거행한다고 용어를 변경하면서 말이다. 또 잘못된 확신을 고집할 때도 있으며 적절하지 않고 교회의 가르침을 왜곡한 규정이 나올 때도 있으며, 부활한 주님을 찬미한다고 하면서 오히려 그를 방부 처리해야 할 시신처럼 대하는 경우도 있다. 또 예수에게 사랑을 고백하면서 그의 가르침에는 담을 쌓는 경우도 있고, 그릇된 전통주의나 감상주의에 사로잡힌 전례, 말과 진심이 일치하지 않는 전례 또한 존재한다.

신앙은 다른 이에 대한 새로운 시선이다: 참된 신앙을 갖기

---

[37] 우리말 《성경》의 요한 복음 20,15은 '주님' 대신 '선생님'이라는 호칭을 사용하고 있으나 그리스어 원문에는 '주님'(Κύριος)으로 되어 있다.

이전에 마리아 막달레나는 예수를 죽은 이로 여겼고, 제자들을 두고서도 예수의 단순한 추종자로 생각했다. 무덤에서 부활한 예수의 발현을 목격한 뒤에야 비로소 그를 살아 있는 이로 알아보고 제자들에 대해서도 '그의 형제들'로 여기게 된 것이다. 이처럼 삶 속에 침투하는 하느님의 개입은 우리의 인간관계를 바꾸고 그것을 새롭게 하며 정화시킨다. 우리가 복음서를 읽는 이유는 그저 복음서에 등장하는 인물들을 더 생생하게 바라보기 위한 것만이 아니다. 우리가 복음서를 읽는 이유는 예수를 통해 변화되고, 복음서 안에서 예수를 만나기 위함이다. 부자 청년도, 게라사의 주민들도, 빌라도도 예수를 만났다. 그러나 그들은 놀랍게도 이전과 달라진 삶을 살지는 않았다.

자코모 비올리 신부

Don Giocomo Violi

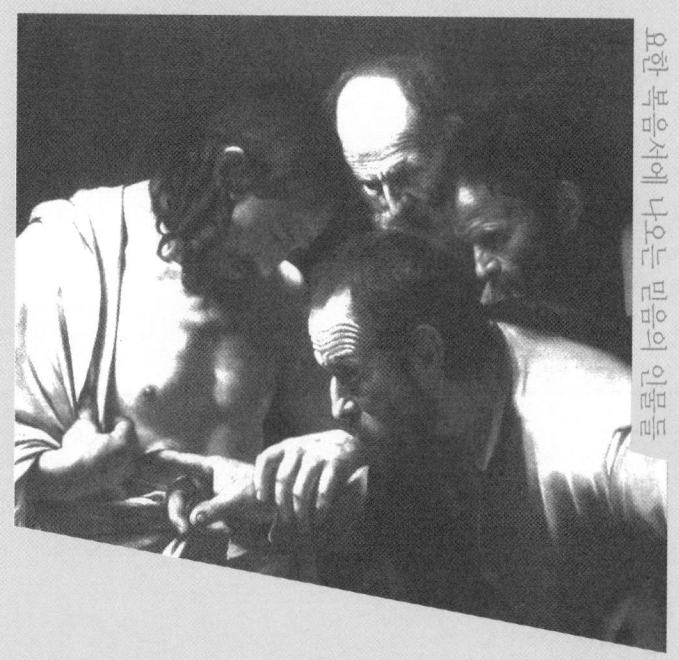

요한 복음서에 나오는 믿음의 인물들

제10장

'쌍둥이'라 불린 토마스

너는 이것을 믿느냐?

우리 눈에 고집이 세고 완고하게 보이는 사람들조차도,
또 그 안에서 주님을 끝까지 거부할 것처럼 보이는 사람들까지도
주님은 절대로 포기하지 않으신다.
이것이 우리 인생을 위한, 우리 신앙을 위한 가장 크고 아름다운 보증이다.
바로 그것을 우리 모두의 쌍둥이인 토마스가 잘 보여 준다.

둘러보기

"나는 그분의 손에 있는 못 자국을 직접 보고 그 못 자국에 내 손가락을 넣어 보고 또 그분 옆구리에 내 손을 넣어 보지 않고는 결코 믿지 못하겠소"(20,25). 이 말로 인해 토마스는 오늘날까지도 예수의 제자들 가운데 유일하게 불신과 의혹의 대명사로 우리에게 기억되고 있다. 실제로 많은 이가 토마스의 이 말을 인용하여, 보고 만질 수 있는 것만을 믿고 신뢰하는 현대인의 불신주의와 회의주의를 표현한다. 그렇다면, 오직 이러한 이유 때문에 토마스가 예수의 다른 제자들보다 오늘날 사람들에게 훨씬 더 많은 호감을 사고 있는 것일까? 그러나 그가 가진 이러한 행운은 단순히 '현대적'인 것만이 절대로 아니었다. 사실 우리는 '토마스'라는 이름으로 불리는 복음서 외경을 세 권이나 가지고 있다. 《토마스의 예수 유년기 복음서》[38]와 《토마스 복음서》[39] 그리고 마지막으로 부활하신 예수가 토마스 사도에게 보여 주었다는 비밀스런 계시를 담고 있는 《의심자 토마스의 책》[40]이 그것이다. 게다가 다른 외경인 《토마스의 묵시록》[41]은 또 어떤가? 그뿐인가? 인도에서 행한 토마스의 선교 활동과 그 이야기를 담고 있는 《토마

---

[38] 어린 시절 예수가 행한 기적들에 관한 이야기를 담고 있으며, 2세기 후반에 작성된 것으로 추정된다. '위僞토마스 복음서'(Il vangelo dello pseudo-Tommaso)라고도 불리며 그리스어로 쓰였다.

[39] 114개에 달하는 예수의 격언들의 모음집으로 2세기 중반에 쓰인 것으로 여겨지며 영지주의적 내용을 담고 있다. '토마스가 전하는 복음서'(Il vangelo secondo Tommaso) 혹은 '제5복음서'(Quinto Vangelo) 등으로 불리며, 콥트어로 쓰였다.

[40] 콥트어로 쓰인 영지주의 복음서로 분류되며, 3세기 초에 쓰였다. '강건한 토마스의 책'(Il libro di Tommaso l'Atleta)이라고도 불린다.

[41] 라틴어로 쓰인 신약 외경 가운데 하나이다. 마니교도들에 의해 쓰인 것으로 보이며, 작성 연대는 4-5세기로 추정된다. '토마스의 환시'(Visione di Tommaso)라고도 불린다.

스 행전》[42]도 여기에 첨가시켜 볼 수 있지 않을까? 토마스에 대한 지대한 관심은 1945년에 이집트의 나그 함마디(Nag Hammadi)에서 발견된 《토마스 복음서》가 보여 주고 있듯 영지주의가 유행하던 시절에도 존재하고 있었다. 그뿐만 아니라, 아리마태아 사람 요셉이 썼다는 가칭 《동정녀 마리아의 승천》[43]이란 책 – 이 책 역시 요한 복음서와 마찬가지로 사건이 있던 장소에 없다가 의심을 품게 되는 토마스에게 매우 중요한 역할을 부여하고 있다 – 이 잘 증명해 주고 있는 것처럼 그에 대한 관심은 중세 시대에도 발견된다. 언제나 그렇듯이, 이렇게 지대한 관심을 받고 있는 한 인물의 생애를 재구성해 내고자 할 때, 그에 관한 정보나 지식들이 부족해지면 인간의 상상력은 자신의 열매들을 만들어 내기 시작한다. 그리고 그 상상력의 열매들은 예상되는 이야기의 공백들을 메워 나가기 위해 이야기 전체를 다시 읽어 내거나(riletture), 그것을 전혀 새롭게 해석해 내기도(iperletture) 한다. 바

---

[42] 토마스 사도의 설교를 담고 있는 신약 외경 가운데 하나로, 영지주의자들에 의해 에데사(Edessa)에서 3세기 초에 시리아어로 쓰였다.

[43] 아리마태아 사람 요셉이 썼다고 쓰여 있지만, 학자들은 4세기에 쓰인 것으로 판명하였다.

로 이러한 이유로 감동적이고 매혹적인 이야기들로부터 더욱더 사실일 것 같지 않은 전승들과 전설들이 생겨나는 것이다. 이런 일이 토마스에게도 똑같이 일어났다. 본시오 빌라도나 그리스도의 옆구리를 찌른 로마 병사 론지노와 같은 이들에 대한 이야기보다 토마스 사도에 관한 이야기가 훨씬 더 확대되고 부풀려지게 되었다는 것이다. 그리고 이런 일들은 토마스에게뿐만이 아니라, 막달라 여자 마리아에게도, 그리고 복음서에 등장하는 수많은 인물에게도, 더 나아가 복음서 밖의 수많은 이야기의 주인공에게도 똑같이 일어났다.

토마스의 이야기로 다시 돌아가 보자. 공관복음서에서 토마스는 열두 제자의 이름이 나열되고 있는 대목에서만 등장한다. 그렇다고 해서 그가 단순히 예수와 가장 근접해 있던 공동체의 한 일원이었다는 이 사실이 시시하거나 혹은 평범한 일로 치부될 수는 없다(A. Marchadour). 실제로 우리는 토마스를 사도 1,13, 곧 성령 강림 사건 이전에 사도들이 모여 있던 위층 방에서 다시 만나게 되고, 이어서 사도 1,21-22에서 예수가 세례를 받던 때부터 승천한 날까지 토마스가 그 곁에서 사도들과 줄곧 함께 있었다는 사실을 알게 된다.

독자들의 믿음을 불러일으키기 위해(20,31 참조) 복음사가들은 예수 그리스도의 사건들을 신중하게 선택하고 나열한다. 그리고 토마스는 오직 요한 복음서에서만 중요한 역할을 수행하는 인물로 등장한다. 그런데 여기에서 그의 이름이 별명과 함께 사용되고 있음을 볼 수 있다. '토마스'라는 이름은 아람어로 '쌍둥이'를 뜻하고, 이 말이 그리스어로는 '디디모스'(Δίδυμος)로 번역된다. 총 7차례에 걸쳐 요한 복음서에서 사용되고 있는 토마스라는 이름이 세 번에 걸쳐 '디디모스'라는 그리스어로 번역되고 있다는 사실은 요한 복음서의 독자들이 아람어에 그리 익숙하지 않다는 것을 가리켜 준다.[44]

요한 복음서에서 총 7차례에 걸쳐 거론되는 이 토마스라는 이름은 그가 연루되어 있는 세 가지 사건과 연결되어 있다. 몇몇 인물을 결정적인 순간에 등장시키기 위해 설화자가 의도적으로 그 인물에 관한 이야기를 절제하는 설화 기법 - 이러한 문학적 기법이 복음사가들에게도 이미 잘 알려져 있었다 - 에 따라, 토마스는 라자로가 다시 살아난 이야기(11장), 예수의 마지막 고별 담화(14,5-6), 그리고 마지막으로 부활한 예수와 관련된 이야기, 곧 부활 사화들(20,24-29; 21,1-2)에서만 등장한다. 이 때문에 로베르토 비뇰로(R. Vignolo)는 토마스를 '부활에 관한 믿음

---

[44] '토마스'라는 이름만 소개된 곳은 14,5; 20,26-29이며, '쌍둥이'라는 별명까지 포함되어 소개된 곳은 11,16; 20,24; 21,20이다.

을 대변하는 인물'이라고 정의한다. 11장과 14장에서 두 번에 걸친 토마스의 등장이 20장의 이야기와 비교할 때 덜 중요한 것처럼 보이는 것이 사실이지만, 그럼에도 불구하고 앞에 나오는 이 두 이야기가 마지막 이야기를 더욱 빛나게 하며, 마지막 이야기에 나오는 극적인 장면을 준비시켜 주는 역할까지 한다. 이렇게 점진적으로 연결되어 있는 이 이야기들에서 우리는 토마스 사도가 지닌 위대함과 그가 걸어간 믿음의 여정을 발견할 수 있다. 토마스는 의심이나 불신과 같은 한 가지 특징만으로 규정지을 수 있는 단편적인 인물이 아니라, 수많은 것이 함께 총체적으로 그 안에 잘 조합되어 있는 인물이라 말할 수 있다. 토마스는 설화적으로나 신학적으로도 재발견할 것이 풍부한 인물이다. 그가 보여 주는 모습이, 곧 신앙에 관해 강하고 비판적인 질문을 던지는 모습과 다른 한편 뒤로 물러서서 그것을 겸허히 받아들이는 자세가 모든 사람의 입장과 마음을 잘 대변해 주기 때문이다. 이런 차원에서 토마스는 여전히 끊임없이 연구되어야 하는 인물이고, 또 쉽게 예견될 수 없는 인물이다. 한 신앙인으로서 토마스의 이야기는, 다시 말해 처음에는 성장하다가 나중에는 몰락했고, 마지막에 이르러 은총으로 다시 일어설 수 있었던 그의 이야기는 우리 자신들의 신앙 여정 또한 결코 직선으로 위를 향해서만 나아가고 있는 것이 아니라는 사실을 상기시켜 준다.

이어지게 될 '구절 풀이' 부분에서는 토마스 사도가 등장하는 본문 세 개가 소개될 것이다(11,7-16; 14,5-6; 20,24-29). 이 본문들을 통해, 토마스가 걸었던 신앙의 여정에서 중요한 요점 몇 가지를 살펴보도록 하겠다. 나아가 그의 이러한 여정과 함께 모든 시대의 독자들이 걸어갈 신앙의 여정 또한 짚어 볼 것이다.

구절 풀이

11,7-16

우리는 요한 복음서에서 토마스 사도에 대한 첫 번째 언급을 '표징의 책'(1-12장)이라 일컬어지는 복음서 전반부의 끝자락, 곧 라자로의 소생 사건(11,1-54)에서 만나게 된다.

이야기의 시간과 장소, 등장인물과 상황, 그리고 가장 중요한 이야기의 주제들이 1-6절에 걸쳐 제시된 이후, 7-16절에서는 두 가지 결심이 소개되고 있다(F. J. Moloney). 하나는 유다로 다시 돌아가겠다는 예수의 결심(7절)이고, 다른 하나는 그분을 죽기까지 따르겠다는 토마스의 결심(16절)이다. 이 토마스의 결심이 바로 여기서 우리가 다룰 주제이다. 이 두 가지의 결심 사이에 예수를 아직까지 '라삐'라고 부르고 있는 제자들이 - 이는 제자들이 그때까지도 예수가 누구인지 그의 정체성에 대해 깨닫지 못하고 있었다는 사실을 단적으로 보여 준다(1,38.49; 3,2.26; 4,31; 6,25; 9,2 참조) - 자리하고 있으며, 그들은 얼마 전에 있었던 사건, 곧 유다인들이 그분을 돌로 치려고 했던 일을 예수에게 상기시켜 준다(11,8; 8,59; 10,31). 그러나 그들이 기억하고 있던 폭력에 대한 걱정과 두려움은 예수를 설득시키기에 역부족이었고, 오히려 예수는 제자들에게 빛과 어둠, 낮과 밤의 형상들을 이용하여 그들이 언제나 빛의 인도를 받을 필요가 있다고 역설한다(9-10절). 이어서 대화의 주제가 다시 죽은 라자로에게 집중되며, 예수는 그를 '깨우러' 가겠다고 말한다(11절). 제자들이 이 말이 무슨 의미인지를 깨닫지 못하자(12-13절) 예수는 그 말의 의미를 설명해 주면서(14절) 앞으로 일어날 일들이 지닌 신학적 의미와 목적을 다시 한번 분명하게 말해 준다(15절). 그 신학적 목적이란 바로 하느님의 영광(4절)을 드러내는 것과 제자들의 믿음(15절)을 불러일으키는 일이다(R. E. Brown, *Giovanni*). 바로 이어지는 16절에서 드디어 토마스가 처음으로 등장하는데, 여기에서 로베르토 비뇰로(R. Vignolo)가 '그리스도와의 강한 연대감과 그를 따르는 제자의 자율성의 상징'이라고 표현한 토마스의 다음과 같은 말이 소개되고 있다. "우리도 스승님과 함께 죽으러 갑시다." 이 말을 통해 토마스는 스승과 함께 그 어떤 위험도 감수해 내겠다는 최고의 충정을 표현하며, 나아가 스승과 함께 유다로 돌아가자고, 그와 함께 위험에 직면해 보자고 자신의 '동료들'을 독려한다. "우리도 스승님과 함께 죽으러 갑시다." 토마스가 보여 준 것은 즉각적이면서도 용감한 반응이었다. 그리고 이는 토마스가 예수의 시각과 결심을 아무 조건 없이 받아들이고 옹호하겠다는 말처럼 들린다. 그의 이 말이 죽음의 위험을 감수하면서까지 스승에게 충실하겠다는 무조건적인 약속, 하나의 '서약'과 같은 형식을 취하고 있기 때문이다. 이렇게 토마스는 우물쭈물 머뭇거리고 있는 제자들 앞에서 '반(反)순응주의자'(anticonformista)로서의 면모를 드러내며 현실에 쉽게 동조하거나 안락함을 추구하지 않겠다는 태도를 보여 준다. 그러나 사실은 예수와 토마스는 그들이 가지고 있던 목적과 지향점에 있어서 서로가 상당히 다른 길을 가고 있었다(R. Vignolo). 토마스는 자신의 미래가 비극적이고 불행해 질 수 있다는 내면의 부정적인 느낌으로부터 끊임없이 영향을 받고 있었고, 믿음과 희망이 아니라 오히려 어둠과 암울함이 그의 마음속을 가득 채우고 있었다고 말할 수 있다. 이런 토마스와는 정반대로, 예수는 이 모든 것을 평온하게 바라보고 있다. 왜냐하면 라자로의 죽음조차도 제자들을 믿음으로 이끌 수 있는 기회가 되어 줄 것이며, 동시에 그 사건이 하느님의 영광을 드러내는 기회가 될 것임을 잘 알고 있기 때문이다. 어쨌든 이 순간에 토마스가 던진 말은 효과적이었다. 그 말을 들은 제자들이 자신들의 주저함과 망설임을 떨쳐버리고 예수를 따라나섰기 때문이다. 그러나 이어지는 이야기는, 요한 복음서에서 전형적으로 사용되는 문학 기법인 아이러니와 함께, 그 제자들의 행동이 용감한 것이긴 했지만 결코 철저한 준비와 각오로 이루어진 것이 아니었다는 사실을 우리에게 보여 줄 것이다.

14,5-6

요한 복음서에서 토마스가 두 번째로 등장하는 순간은 예수의 '고별 담화'(13,1-17,26) 가운데 '예수의 (아버지에게로) 떠나감'(F. J. Moloney)을 다루고 있는 14장이다. 우리의 관심을 끄는 구절은 바로 1-6절까지다. 이 구절에 앞서 제자들의 발을 씻겨 주고 유다에게 빵을 건네주신 사건(13,1-38)이 매우 주의 깊고 신중하게 묘사되고 있는데, 여기에서 예수가 보여 주는 행동들은 그 자체 안에 이미 제자들을 위해 예수가 바치게 될 제물, 곧 자신의 죽음을 예고하고 있다. 14장은 제자들을 향한 예수의 격려 말씀으로 시작된다. "너희 마음이 산란해지는 일이 없도록 하여라"(1절). 그러면서 예수는 제자들이 거처할 자리를 마련하기 위해 가는 것이라고 그들을 안심시킨다(2-3절). 이어 예수가 제자들에게 자신이 가는 길을 그들도 이미 알고 있다고 말하자, 곧바로 토마스가 나서서 이렇게 질문을 던진다. "주님, 저희는 주님께서 어디로 가시는지 알지도 못하는데, 어떻게 그 길을 알 수 있겠습니까?"(5절) 이 질문이 예수에게는 제자들에게 자신을 계시할 수 있는 기회를 마련해 준다. 예수가 곧 아버지 하느님에게로 인도해 주는 길 그 자체라는 것이다(6절: "나는 길이요 진리요 생명이다. 나를 통하지 않고서는 아무도 아버지께 갈 수 없다"). 바로 여기에서 우리의 시선을 토마스에게 고정시켜 보자. 몇몇 성경 해설자가 토마스의 이 질문이 예수가 자신을 계시할 수 있도록 이끌어 준 수사학적 기교에 불과하다고 말한다 할지라도(X. Léon-Dufour; F. J. Moloney), 그 질문 뒤에 토마스의 예리한 자기 성찰과 믿음이 숨겨져 있다는 것은 분명해 보인다. 예수가 가는 길을 모른다는 그의 이 솔직한 고백은 극적인 아이러니로 가득 채워져 있다. 죽을 때까지 예수와 함께 운명을 같이하자고 주장하며 제자들을 설득했던 그가(11,16 참조) 이제 와서는 실제로 예수가 가는 길(14,4)이 어떤 것인지 그 길의 방향도, 그 길의 목적도 전혀 모르고 있다는 사실을 시인하고 있기 때문이다. 따라서 여기에서 그는 더 이상 11,16이 보여 주는 확신에 찬 인물이 될 수 없다. "예수가 가는 길에 대해 그가 가지고 있던 생각과 확신은 그 자체가 심각한 자가당착이며, 이 때문에 그는 여기에서 현저히 후퇴한 모습을 보여 주고 있다"(R. Vignolo). 바로 이러한 사실로부터 우리는 예수가 자신의 영적 유언을 분명하게 들려주고 있는 데 반해, 그의 제자들은 여전히 그 유언의 메시지를 전혀 이해하지 못하고 있음을 알게 된다.

20,24-29

토마스가 세 번째로 등장하는 장면은 20장의 두 번째 단락으로, 보통 '이층 방에서 이루어진 부활한 예수와 제자들의 만남'이라 불린다(19-29절). 이 장면의 첫 번째 부분인 19-23절에서는 제자들에게 나타나신 예수와 기쁨으로 가득 차게 되는 제자들의 모습이 그려진다. 여기에서 예수는 제자들에게 성령의 숨을 불어넣어 주며 누구의 죄든지 그것을 용서할 수 있는 권한을 그들에게 부여해 준다. 이어지는 장면에서(24-29절) 우리는 토마스를 다시 만나게 되는데, 처음에는 예수를 만나지 못한 토마스의 이야기가(24-25절), 그다음엔 부활한 예수를 만난 토마스의 이야기가(26-29절) 전개된다.

24-25절

이 일화는 앞서 벌어진 사건과 긴밀히 연결되어 있다. 이 일화의 배경이 그 전에 있었던 사건과 동일하며, 사건에 등장하고 있는 인물들 역시 함께 모여 있는 제자들로 그 전의 이야기와 동일하기 때문이다. 따라서 우리는 아직 "주간 첫날"(20,1.19 참조)에 있는 것이 된다. 이 날은 제자들이 성령을 가득히 받고 기쁨과 평화로 충만한 날이었으며, 또한 온 세상에 하느님의 거룩함을 전달하라는 사명을 부여 받은 날이기도 했다(F. J. Moloney). 그런데 그때 열두 제자 가운데 하나였던 토마스는, 다시 말해 약속과 희망, 기대와 바람으로 가득 찬 교회의 특별한 첫 공동체의 일원 가운데 하나였던 토마스는 그 자리에 함께 있지 않았다. 동료 제자들에게서 번져나는 평화와 기쁨, 그리고 부활하신 분에 대한 믿음(19.20.21절 참조)이 자신을 둘러싸고 있음에도, 토마스는 - 전에 베드로와 예수가 사랑한 제자 그리고 마리아 막달레나가 그랬던 것처럼(1-2절) - 여전히 불신의 어두움 속에 머물러 있다(24절). 다른 제자들은 이런 토마스에게 자신들이 경험한 부활 신앙을 전해 주기 위해 노력한다. 여기에서 '(그들이 토마스에게) 말하고 있었다'(ἔλεγον)라는 미완료 형태의 동사가 사용되었다는 것은 토마스를 향한 제자들의 행동이 다양한 시도와 노력, 확장과 반복의 형태로 계속 되풀이되고 있었다는 것을 말해 준다. 아마도 그들의 이러한 노력은 상당히 논리적이고 설득력이 있었을 것이다(B. Maggioni, *I racconti* 참조). 게다가 제자들은 부활한 예수를 처음으로 만난 마리아 막달레나의 말을 그대로 사용하기까지 한다.[45] 따라서 이 본문은 제자들의 복음 선포(*kerigma*)가 토마스에게 단 한 번만 행해진 것이 아님을, 또 이러한 제자들의 선포에 대한 토마스의 대답이 단순히 충동적인 것이 아니라, 진지한 숙고의 과정을 거쳐 단단하고 확고하게 이루어진 것임을 분명하게 보여 주고 있다고 말할 수 있다. 토마스는 제자들과 논쟁하고 토론하면서 자신의 생각과 확신에 방어선을 구축한 것이다. 사실상 이러한 토마스의 모습은 그다지 새롭지 않다. 우리는 제자들 대다수의 생각에 반대하며, 현실에 쉽게 동조하지 않는 '반순응주의자'의 모습을 보이고 있는 그를

---

[45] "제가 주님을 뵈었습니다('Εώρακα τὸν κύριον)"(20,18); "우리는 주님을 뵈었소('Εωράκαμεν τὸν κύριον)"(20,25ㄱ).

이미 만났다(11,8,16 참조). 예수가 제자들에게 나타났을 때 토마스가 그 자리에 없었다는 것은 아마도 그가 부활에 대한 믿음을 이미 거부하고 있었음을 보여 주고 있는지도 모른다. 어쨌든 수많은 논란을 불러일으켰던 예수의 죽음 이후에 그가 제자들과 거리를 두고 있었음은 분명해 보인다.

그러나 토마스는 단순히 의심 많은 회의론자가 아니었다. 오히려 그는 신중하게 믿으려는 사람이었고, 그러기 위해 보증과 확신을 요구하는 사람이었다. 그렇게 그는 투쟁하는 사람이었던 것이다. 실제로 그는 자신 앞에 나타난 부활한 예수가 자신의 기준과 원칙에 어울리고 부합하자, 곧바로 자신의 불신을 거두고 예수를 믿는다. 만일 예수가 그가 원하는 조건을 충족시키지 않았더라면 그는 분명 계속해서 자신이 지녔던 불신에 머물렀을 것이다. 마리아 막달레나가 죽은 예수의 시신을 찾고 있었던 것처럼(13,15절), 토마스는 예수가 십자가 위에서 죽었을 때의 몸으로 다시 부활했으리라 여기고 이를 찾고 있었다. 토마스는 이렇게 부활의 가능성을 부인하고 있는 것이 아니라, 오히려 부활한 예수의 몸이 자신의 조건을 충족시켜 주길 요구하고 있는 것이다. 불필요한 반복과 지나칠 정도의 과장으로 표현되어 있는 토마스의 말이 그에게 있던 이러한 완고함을 문체적으로 강조해 주고 있다(J. Mateos-J. Barretos). 그의 요구와 주장은 다음과 같이 세 번에 걸쳐 반복된다. "나는 그분의 손에 있는 못 자국을 직접 보고 그 못 자국에 내 손가락을 넣어 보고 또 그분 옆구리에 내 손을 넣어 보지 않고는 …." 그는 단순히 부활한 예수를 만나 보길 원하는 것이 아니라, 부활한 몸을 직접 확인해 보길 원하는 것이다. 보고 또 만져 보겠다는 그의 이러한 요구 때문에 토마스는 예수가 전에 이미 질책했던 적이 있었던 제자들 가운데 한 사람이 된 것처럼 보이기까지 한다. "너희는 표징과 이적을 보지 않으면 믿지 않을 것이다"(4,48). 이와 같은 토마스의 행동은 빈 무덤과 따로 개켜져 있었던 수건을 보고 믿었던 예수가 사랑한 제자의 행동(20,8)과 상당한 차이를 보여 준다!

26-27절

"여드레 뒤에"(26절), 20,19-23에서 소개된 주간 첫날에 있었던 일과 매우 비슷한 일이 다시 한번 반복된다. 그런데 "예수님께서 오시어"라는 문장에서 그리스어 동사(ἔρχεται)가 현재형으로 나온다. 따라서 이 현재형 동사는 '예수의 오는 행위'가 분명하게 연속적으로 실현되고 있는 행위임을 가리킨다고 볼 수 있다. 실제로 그리스어에서 단순과거(Aorist) 시제 동사가 과거의 한 시점에 단 한 번 일어난 사건을 가리키는 것과 달리, 현재형 시제 동사는 연속적으로 이루어지는 행동의 결과나 영향을 표현한다. 그러므로 이 본문은 "주간 첫날에" 함께 모여 있던 제자들의 공동체에, 늘 그러했듯 예수가 다시 한번 찾아오셨음을 말해 주는 것이다. 예수는 다시금 '잠겨 있는 문으로' 들어오시어, 제자들 앞 한가운데에 – 부활을 표현하는 전형적인 장소 표현이다 – 서시며 그들에게 평화를 선물하신다(26절). 일주일 전에 있었던 일과 비교하여 유일하게 다른 점은 바로 그 자리에 토마스가 함께하고 있다는 것뿐이다. 제자들 앞에 나타나 그들과 '함께하던' 예수가 어떤 시점에서 토마스에게 몸을 돌려 그와 대화를 시작했는지 우리는 알 수 없다. 제자들 앞에 나타나자마자 토마스에게 다가갔는지, 아니면 제자들과 한참 동안을 같이 보낸 이후에야 토마스에게 질문을 던졌는지 알 수 없다는 것이다. 그럼에도 불구하고 이 이야기는 곧바로 이 두 사람이 나눈 짧은 대화로 모든 관심을 집중시킨다. 예수는 토마스에게 그가 요구하던 상처의 흔적들, 곧 찔린 손과 꿰뚫린 옆구리를 보여 주며(27ㄱ절), 토마스가 원했던 그대로 그것들을 만져 보라고 말한다. 그것은 토마스의 요구에 대한 불쾌감을 표현하는 행동도 아니요, 그의 요구를 받아들이겠다는 수락 내지 응낙을 표현하는 행동도 아니다. 오히려 이는 스승의 사랑으로 당신 제자가 진정으로 원하는 것이 무엇인지를 예수가 잘 알고 있음을 보여 주는 행동이다(X. Léon-Dufour). 토마스는 이제 그에 대한 예수의 신뢰와 사랑 속에 잠긴다. 예수는 이렇게 토마스의 요구를 충족시켜 준다. 그러나 그것은 그를 좀 더 깊은 차원으로 이끌어 주기 위한 것이었다. "믿지 않는 사람으로 머물러 있지 말고, 믿는 사람이 되어라"(γίνου: 여기에서도 마찬가지로 그리스어 동사가 현재형 명령법으로 사용되고 있다. 《성경》에는 "의심을 버리고 믿어라"). 포테리(I. de la Potterie)는 이를 다음과 같이 번역한다: "믿지 않는 자로 머물러 있기를 그만두고, 믿음의 인간이 되어라"(27절). 복음서는 토마스가 부활한 예수를 자기 손으로 직접 만져 보았는지, 그렇지 않는지에 대해서는 언급하지 않는다. 그러나 예수의 이 말이 토마스를 근본적으로 변화시켰음은 분명하다. 토마스가 부활한 예수와 그가 지닌 수난의 상처들을 감각적으로 보고 확인하고자 했던 단계에서 영광스럽게 부활하신 분에 대한 믿음의 단계로 건너가고 있기 때문이다. 그리고 이러한 믿음으로부터 그는 다음과 같은 자신의 신앙을 고백하게 될 것이다. "저의 주님, 저의 하느님!"(28절)

28-29절

28절은 같은 말을 두 번 반복하는 전례적 선포의 형식을 취하고 있다. 이 선포는 토마스의 입을 통한 신앙고백으로서 "요한 복음서 전체의 정점"이자 "그리스도에 대한 최고의 선언"(R. E.

Brown, *Giovanni*)이라 할 수 있다. "나의 주님, 나의 하느님!" 이 표현으로 토마스는 자신이 환희에 넘치는 신앙의 인간이 되었음을 드러내고 있다(R. Vignolo). 형제들의 증언을 거부했던 이가 이제 자신의 충만한 믿음을 고백하며, 동시에 믿는 이들에게 주어지는 두 가지 임무를 받아들인다. 믿는 이들의 첫째 임무는 토마스가 예수에게 부여하는 두 가지 호칭, 곧 '주님'과 '하느님'이라는 말에서 매우 분명하게 드러난다. 예수를 이제 '주님'이자 '하느님'으로 받아들여야만 한다는 것이다. 둘째 임무는 믿음에 대한 개인적 연관성과 관련하여, 토마스가 사용한 소유격 대명사, 곧 '저의'라는 말에서 표현되고 있다. 다시 말해 새롭게 믿음으로 태어난 사람은 이제 그가 받아들인 믿음의 대상과 깊은 인격적 관계를 맺어야만 한다는 것이다(A. Marchadour 참조). 제자들을 포함한 당시 일반인들의 표현 방식에 따르면, '주님'(퀴리오스 κύριος)이란 칭호는 '선생님'(라삐 ῥαββί)이라는 말처럼, 스승에 대한 존경을 표현하는 단순한 호칭으로도 사용될 수 있는 말이었다. 그런데 11,21에서 마르타가 생명과 죽음의 주인에게 이 호칭을 사용하면서 깊고 중요한 신학적인 의미를 지니게 되었다. 무엇보다도 여기에서 '주님'이란 말이 '하느님'(θεός)이란 말과 동시에 사용됨으로써 이 칭호('주님')는 그것이 가질 수 있는 최상의 지위를 나타내는 표현이 된다. 그것은 곧 예수가 하느님과 일치해 있으며, 그 안에 하느님께서 함께 존재하고 계시다는 의미이다. 요한 복음사가는 이렇게 자신의 복음서를 마무리하면서 복음서 머리글에서 자신이 이미 했던 말이 여기에서도 일치와 조화를 이루고 있음을 보여 주고 있다. "말씀은 하느님과 함께 계셨는데 말씀은 하느님이셨다"(1,1). 마지막으로 이루어진 이 신앙고백은 이처럼 복음서 전체를 거쳐 오랫동안 준비되어 왔던 것이다. 따라서 이제 아버지를 공경하듯 모든 사람은 아들도 함께 공경해야만 한다(5,23). '나는 존재하고 있었다'(8,58)라고 말하는 이에게, 아니 "아버지와 나는 하나다"(10,30)라고 선언하는 분에게 이제 귀를 기울여야만 한다는 것이다. 실제로 예수가 전에 예고했던 말이 그대로 이루어졌다. "너희는 사람의 아들을 들어 올린 뒤에야 내가 나임을 깨달을" 것이다(8,28).

마침내 29절은 믿는다는 것의 두 가지 차원을 보여 주며 믿음에 관한 복음서 이야기의 핵심에 도달하고 있다. '보고 믿는 것'과 '보지 않고도 믿는 것.' 이는 토마스의 믿음('보고 믿는 것')과 미래에 믿음을 가지게 될 이들의 믿음('보지 않고도 믿는 것')이기도 하다. 첫 번째 차원의 믿음은 토마스에게 한정되어 있는 것으로 이해될 수 있을 것이다. 그러나 두 번째 차원의 믿음은 미래의 제자들, 곧 모든 시대에 걸쳐 믿음의 여정을 걸어가게 될 모든 제자의 공동체이자, 예수가 아버지에게 "저는 이들만이 아니라 이들의 말을 듣고 저를 믿는 이들을 위해서도 빕니다"(17,20)라고 기도한 바로 그 사람들에게 열려져 있는 것이다. "부활하여 영원히 살아 계신 분과 제자들의 만남은 이별이나 헤어짐의 순간으로 끝나지 않는다. 오히려 그 만남은 그분을 직접 눈으로 목격한 증인들이 모두 사라진 순간에도 여전히 남게 되는 기쁨 안에서 끝도 없는 미래를 향해 열려 있다"(X. Léon-Dufour). 이러한 사실을 베드로의 첫째 서간은 다음과 같이 잘 표현해 내고 있다. "여러분은 그리스도를 본 일이 없지만 그분을 사랑합니다. 여러분은 지금 그분을 보지 못하면서도 그분을 믿기에, 이루 말할 수 없는 영광스러운 기쁨 속에서 즐거워하고 있습니다"(1베드 1,8).

삶 속에서 되새기기

토마스 사도가 걸어간 길이 우리 믿음의 삶에 전해 주는 가르침은 무엇인가? 요한 복음서에서 이미 살펴본 다른 많은 인물과 비교하여 토마스 사도는 어떤 새로운 가르침을, 어떤 도움을 우리에게 주는가? 토마스가 등장하는 복음서 본문들이 우리에게 전해 주는 가르침에서 몇 가지 사항을 유추해 보자. 우선 복음이 가지고 있는 메시지를 현대의 교회 공동체와 세례를 받은 모든 이에게 쉽게 전달하기 위해 20,19을 복음서 집필 이후 신앙을 가지게 될 미래 세대와의 연관성 아래 살펴볼 수 있다.

이 순간은 무대의 커튼이 막 닫히려는 순간, 복음서가 이제 마지막 순간을 보여 주며 끝나려는 순간이다. 그 순간 극장 안의 불빛들이 갑자기 다시 켜지기 시작한다. 그리고 무대 위에서 예수가 지금까지 자신과 장면을 연출하던 제자들로부터 시선을 돌려 관객을 바라보고 서 있다. 불빛이 밝혀져 이미 서로를 알아볼 수 있는 상황에서 예수는 관객에게 자신의 근심과 걱정이 더 이상 제자들이 아닌, 관객들을 향해 있다고 설명하기 시작한다. 그동안 쓰인 모든 것이, 말해지고 행해진 모든 것이 바로 관객들을 위한 것이었다고 말하는 것이다. 토마스의 이야기조차 바로 그 관객들을 위한 것, 바로 우리를 위한 것이었다. 그 순간 우리는 오늘날 우리 자신을 향한 그분의 가르침을 이해하게 된다.

요한 복음서는 몇몇 인물은 진리 안에 있는 사람으로, 또 다른 몇몇은 진리와 전혀 관계없는 사람으로 그린다. 그중 토마스는 결코 순탄하지 않았던 긴 여정을 통해 진리가 아닌 것에서 진리로 건너간 인물이라고 말할 수 있다. 복음서의 이야기를 따라가 보면, 토마스는 스승을 죽기까지 따르겠다던 무조건적인 신앙에서 출발하여(11,16), 혼란스럽고 불안한 믿음으로, 다시 말해 조건적인 신앙으로 추락하며(20,25), 마침내 요한 복음서 전체에 걸쳐 가장 절정의 순간을 이루는 최고의 그리스도론적 신앙고백에 도달한다(20,28). 따라서 토마스는 뒤틀리고 험난한 신앙 여정을 상징하는 인물이 된다. 이러한 여정에서 그는 자신이 가졌던 종교적 확신과 신념을 포기하고 단념해야만 했다. 이러한 사실은 그가 아직 참다운 신앙에 이르지 못했음을 적나라하게 보여 준다. 토마스의 여정 가운데 이 첫 번째 단계에 주의를 기울여 보자. "죽으러"(11,16)라는 말로 표현된 토마스의 이 극단적이고 비극적인 '반순응주의'는 우리에게 어둡고, 제한적이며, 완고하고 이데올로기적인 그리스도교를 떠올려 준다. 그것이 개인적인 것이든, 혹은 집단을 이루고 있는 공동체의 것이든 이러한 차원의 신앙은 수많은 활동에 사로잡혀 있을 뿐 '그리스도의 길'이 무엇인지, 또 '길 그 자체이신 그리스도'가 누구인지를 결코 이해하지 못한다. 예수를 잘 알고 있고, 또 그를 위해 일하고 있다고 굳게 믿고 있는 이들의 대변자였던 토마스가 바로 그랬던 것처럼, 그들의 믿음과 확신은 참다운 신앙과는 동떨어진 것이 되고 만다. 참다운 신앙은 죽음을 피할 수 없는 자신의 유일한 목표로 두고, 그것을 향해 완고하게 정진해 나가는 자발적인 행동이라 말할 수 없다. 오히려 참다운 신앙은 십자가 위에서 죽고 다시 부활하신 분의 삶에 기쁜 마음으로 동참하는 것이라 말할 수 있다. 그분이야말로, 그분의 삶이야말로 우리에게 참된 생명을 선물해 주시기 때문이다.

 토마스는 제자들의 공동체를 신뢰하지 않았다. 그러나 예수는 제자들의 공동체 안에서, 그 공동체를 통해 토마스에게 자신을 드러내 보여 준다. 따라서 이러한 토마스의 이야기는 '그리스도는 믿지만 교회는 받아들일 수 없다'고 말하는 사람들의 주장을 정면으로 반박한다. 하느님은 자신의 구원 경륜 안에서 이 둘을 언제나 함께 묶어 주신다. 그리스도와 '그의 형제들'은 이렇게 하나로 연결되어 있다. 토마스 역시 자신의 형제들, 곧 다른 사도들과 함께 자신이 속해 있던 그 제자들의 공동체로 되돌아왔을 때에야 비로소 예수를 다시 만날 수 있었다. 비록 그가 다른 제자들을 완전히 이해하지는 못했다 할지라도, 겸허한 마음으로 그들과 함께 머물겠다고 결심한 순간 비로소 예수를 다시 만나게 되었다는 것이다(C. M. Martini).

 예수는 단순히 이미 '오신' 분이 아니라, 오히려 '오시는' 분이다. 그래서 우리는 매 주일마다 거행되는 전례를 통해 공동체

한가운데에 끊임없이 생생하게 현존하시는 그리스도의 다시 오심에 참여한다(U. Vanni). 요한 복음서의 끝부분에 이르러 이 공동체의 신앙이 이미 상당히 성숙해져 있음을 발견하게 된다. 더 이상 "우리는 메시아를 만났소"(1,41)라고 말하지 않고, 오히려 "우리는 주님을 뵈었소"(20,25)라고 말하기 때문이다. 다시 말해 복음서의 결론은, 그들이 만난 주님은 '세상의 죄를 없애시기 위해' 죽고 부활하신 메시아시며, 이러한 주님에게로 모든 사람이, 각 세대의 모든 토마스가 각자의 고유한 방식으로 자신의 때에 신앙을 고백하며 그분에게로 나아가라고 요구하는 것이다. 모든 사람이 4,50("그 사람은 예수님께서 자기에게 이르신 말씀을 믿고 떠나갔다")에 등장하는 왕실 관리와 같은 믿음을 가질 수는 없을 것이다. 그러나 모든 사람은 하느님을 찾고 만나고자 하는 자신만의 여정을 끊임없이 지속해 나가야 한다. 한편 토마스가 자신의 믿음을 위해 요구했던 것 역시 받아들일 수 없는 것이 절대로 아니었다. 그가 그것을 요구하고 주장했던 목적이 일반적인 기적을 확인하려는 데 있지 않고, 무엇보다 부활하신 예수 그리스도가 바로 십자가에 못 박혔던 이와 동일한 인물임을 확인하려는 데 있었기 때문이다(R. Vignolo).

토마스가 지닌 위대함은 그가 포기와 단념, 반대와 투쟁이라고 하는 긴 여정을 거친 후에, 자신의 마지막 순간을 공동체 안에서의 신앙고백으로 장식한다는 사실에 있다. 실제로 토마스가 한 신앙고백은 다른 제자들 앞에서 이루어진 것이었다. 여기에서 토마스가 보여 준 이 성숙한 신앙고백이 개인의 내면적인 고백이 아니라, 이미 제자들 공동체의 신앙고백이었음을 반드시 기억할 필요가 있다. 예수 그리스도가 참 사람이요, 참 하느님이란 그의 고백은 토마스 개인의 것이 아니라, 이미 교회 공동체의 고백이었던 것이다.

토마스 사도의 이야기를 마치며 마지막으로 요한 복음사가가 이 20장의 이야기와 함께 믿음과 신앙의 다양한 형태와 모델을 제시하고 있다는 사실을 살펴보도록 하자. 이 세상에 하느님이 현존하고 계신다는 징후나 표징을 빠르게 포착해 내는 사람들이 분명히 존재한다. 그들은 아마도 감정적으로 충만한 사람들일 것이다. 그러나 그런 사람들뿐만이 아니라, 이 세상에는 직관적이고 본능적인 사람들도 존재하며, 다른 한편으로 이런 것에 무디고 아주 느린 사람들도 역시 존재한다. 게다가 의심으로 가득 차 가장 늦게 그것을 파악해 내는 회의론자들도 함께 존재한다. 그러나 그들 역시 언젠가 믿음과 신앙에 도달하게 될 것이다. 이렇듯 신앙의 여정에서 제외되어 있는 사람은 아무도 없다. 마음속 깊이 참된 선의와 진실함을 가지고 있는 한, 모두가 그 여정에 초대된 것이다(C. M. Martini). 예수는 모든 사람에게, 각자에게 맞는 방식으로 자신을 드러낸다. 요한 복음 20장에서 우리는 예수가 막달라 여자 마리아에게, 예수가 사랑한 제자 요한에게, 베드로에게 그리고 토마스에게 각각 그들에게 맞는 서로 다른 방식으로 자신을 드러내는 것을 볼 수 있지 않았던가? 이렇듯 우리 모두에게는 주님의 현존 앞에서 자기 자신을 열어 보일 수 있는 기회가 주어져 있다. 물론 그 모든 방식이 우리 각자에게 다 적합한 것이라고 말할 수는 없다. 그러나 분명한 사실은 우리 각자에게 맞는 방식과 그 시간을 주님께서 잘 알고 계시다는 것이다. 주님은 우리 모두를 그렇게 찾고 계신다. 우리 눈에 고집이 세고 완고하게 보이는 사람들조차도, 또 그 안에서 주님을 끝까지 거부할 것처럼 보이는 사람들까지도 주님은 절대로 포기하지 않으신다. 이것이 우리 인생을 위한, 우리 신앙을 위한 가장 크고 아름다운 보증이다. 바로 그것을 우리 모두의 쌍둥이인 토마스가 잘 보여 준다.

자코모 비올리 신부

Don Giocomo Violi

참고문헌

요한계 문헌에 관한 입문서

Ashton J., *Comprendere il Quarto Evangelo*, LEV, Città del Vaticano 2000.

Brown R. E., *Introduzione al Vangelo di Giovanni*, Queriniana, Brescia 2007.

Ghiberti G. et Alii (a cura di), *Opera giovannea*, (Logos, Corso di studi biblici, 7), Elledici, Torino 2002.

Mazzeo M., *Vangelo e Lettere di Giovanni*, Edizioni Paolone, Cinisello Balsamo 2007.

Tuni J. O. - Alegre X., *Scritti giovannei e lettere cattoloche*, Paideia, Brescia 1997.

요한 복음서에 관한 주석서
-사목적 차원의 주석서-

Fausti S., *Una comunità legge il Vangelo di Giovanni*, 2 voll., EDB, Bologna 2004.

Làconi M., *Il racconto di Giovanni*, Cittadella Editrice, Assisi 1989.

Maggioni B., *Il Vangelo di Giovanni*, Cittadella Editrice, Assisi 1987.

Orsatti, M., *Giovanni il Vangelo ad "alta definizione"*, Ancora, Milano 1999.

-학술적 차원의 주석서-

Brown R. E., *Giovanni Commento al vangelo spirituale*, Cittadella Editrice, Assisi 1979.

Fabris R., *Giovanni*, Borla, Roma 1992.

Grasso S., *Il Vangelo di Giovanni. Commento esegetico e teologico*, Città Nuova Editrice, Roma 2008.

Mateos J. – Barreto J., *Il Vangelo di Giovanni. Analisi linguistica e commento esegetico*, Cittadella Editrice, Assisi 1990.

Moloney F. J., *Il Vangelo di Giovanni*, Elledici, Torino 2007.

Léon-Dufour X., *Lettura del Vangelo secondo Giovanni*, San Paolo, Cinisello Balsamo 2007.

Panimolle S., *Lettura pastorale del Vangelo di Giovanni*, 3 voll., EDB, Bologna 2003.

Schnackenburg R., *Il vangelo di Giovanni* (Commentario teologico del Nuovo Testamento), 4 voll., Paideia, Brescia 1973-1987.

Simoens Y., *Secondo Giovanni, Una traduzione e un'interpretazione*, EDB, Bologna 2000.

Van den Bussche H., *Giovanni*, Cittadella Editrice, Assisi 1971.

Wengst K., *Il vangelo di Giovanni*, Queriniana, Brescia 2005.

Zevini G., *Vangelo secondo Giovanni*, Città Nuova, Roma 2009.

-연구서-

Binni W., *La Chiesa nel Quarto Vangelo*, EDB, Bologna 2006.

Bock D. L., *Il codice Da Vinci. Verità e menzogne*, Armenia 2005.

De la Potterie I., *Studi di cristologia giovannea* (Studi biblici e giudaistici,4), Marietti, Genova 1992.

Lindars B. – Rigaux B., *Il messaggio di Giovanni*. Tradizione e teologia, Ancora, Milano 1978.

Maggioni B., *La brocca dimenticata. I dialoghi di Gesù nel vangelo di Giovanni*, Vita e Pensiero, Milano 2000.

_____, *I racconti evangelici della risurrezione*, Cittadella Editrice, Assisi 2001.

Mannucci V., *Giovanni il Vangelo narrante*, EDB, Bologna 1993.

Marchadour A., *I personaggi del Vangelo di Giovanni. Specchio per una Cristologia narrativa*, EDB, Bologna 2007.

Martini C. M., *Il Vangelo di Giovanni nell'esperienza degli esercizi spirituali*, Borla, Roma 1993.

Marcheselli M., *"Avete qualcosa da mangiare?" Un pasto, il risorto, la comunità*, EDB, Bologna 2006.

Mollat D., *Giovanni maestro spirituale*, Borla, Roma 1980.

Ska J. L., *L'argilla la danza il giardino. Saggi di antropologia biblica* (Quaderni di Camaldoli, 17), EDB, Bologna 2000.

Vanhoye A., *Se conoscessi il dono di Dio. Saggi sul quarto vangelo*, Piemme, Casale Monferrato (AL) 1999.

Vignolo R., *Personaggi del quarto Vangelo. Figure della fede in San Giovanni*, Glossa, Milano 2003.

_____, "Ho visto il Signore". *Il risorto e Maria Maddalena*, Ancora, Milano 2010.

너는 이것을 믿느냐?
요한 복음서에 나오는 믿음의 인물들

서울대교구 인가: 2017년 8월 2일
초판 1쇄 펴낸날: 2018년 2월 26일
3쇄 펴낸날: 2019년 10월 1일
지은이: 클라우디오 아를레터 외
옮긴이: 박문수·한재호
펴낸이: 백인실
펴낸곳: 성서와함께
06910 서울특별시 동작구 흑석로13길 7
Tel (02) 822-0125~7/ Fax (02) 822-0128
http://www.withbible.com
e-mail: order@withbible.com
등록번호 14-44(1987년 11월 25일)

ⓒ 성서와함께 2018
성경 ⓒ 한국천주교중앙협의회

ISBN 978-89-7635-323-8

이 도서의 국립중앙도서관 출판예정도서목록(CIP)은 서지정보유통지원시스템 홈페이지(http://seoji.nl.go.kr)와 국가자료공동목록시스템(http://www.nl.go.kr/kolisnet)에서 이용하실 수 있습니다. (CIP제어번호 : CIP2018003736)